Adegau Arbennig —
dysgu am a dysgu oddi wrth wyliau crefyddol.

Adegau arbennig mewn crefyddau yw'r adegau hynny a neilltuwyd i ddathlu, cofio a diolch am ddigwyddiadau a phrofiadau sy'n sail i gredoau ac arferion crefydd arbennig. Bydd rhai'n ddyddiau prudd o ymprydio ac edifeirwch, ac eraill yn ddyddiau o lawenhau, — yn ddyddiau Gŵyl.

Mae i wyliau le amlwg mewn AG gynradd. Rydym yn eu mwynhau oherwydd ynddynt ceir straeon difyr a llawer o weithgareddau lliwgar y gall plant ymgolli ynddynt. Ond maent yn llawer mwy na hyn. Maent yn cyflwyno 'ffenestr' ardderchog i gredoau, gwerthoedd, gobeithion ac ymroddiadau y cymunedau ffydd. O ganlyniad, mae'n angenrheidiol ein bod yn rhoi'r modd a'r cyfle i blant allu archwilio'r agweddau hyn. Pe baem yn bodloni ar ymdrin â'r allanolion yn unig, — y bwydydd, y traddodiadau a'r storïau — heb dreiddio i wir ystyr a phwrpas yr ŵyl, byddem yn syrthio i'r fagl o adael i'r 'cynhwysion' hyn fod yn ddigonol ynddynt eu hunain. Gadewch i ni, wrth ddysgu AG sydd yn 'ŵyl ganolog', beidio â bodloni ar 'ail-ddweud y stori'; yn hytrach dylem ystyried pam fod gwyliau yn bwysig, yn cydio, ac yn rhan mor boblogaidd o sawl traddodiad crefyddol.

Joyce Mackley
Golygydd

Pethau i'w nodi:

Mae llawer o'r gweithgareddau yn y llyfr hwn yn cydfynd â Meysydd Llafur Cytûn Addysg Grefyddol Awdurdodau Addysg Lleol:

Sut mae Iddewon yn mynegi eu credoau yn ymarferol? (e.e Gŵyl y Bara Croyw)

Dathliadau yn gyffredinol.

Sut a pham y bydd Hindwiaid yn dathlu Divali?

Pam fod y Pasg mor bwysig i Gristnogion?

Sut y bydd Mwslimiaid yn mynegi eu credoau drwy ddefod a gweithred.

Am fanylion gweler
www.standards.dfes.gov.uk/schemes2/religion/?view=get

Cynnwys:

1

W28419170

Dysgu gwyliau crefyddol: rhai awgrymiadau i athrawon

Pam ddysgu gwyliau? Am eu bod...

• yn fynegiannau allanol o ffydd grefyddol;
• yn brofiadau i'w rhannu
• yn fynegiant o angen pob bod dynol i gael 'dyddiau arbennig' a 'dyddiau gŵyl' i ddathlu'r pethau hynny sydd o werth a phwysigrwydd yn eu bywydau;
• yn ddathliad o hunaniaeth bersonol (e.e. pen blwyddi) neu gymunedol (jiwbilîs neu achlysuron arbennig) Dathlu'r digwyddiadau sy'n dweud rhywbeth am bwy ydym a'r hyn sy'n bwysig i ni.

Yr hyn sy'n rhaid i ni ei gofio a'r hyn y dylem ei osgoi:

• osgoi canolbwyntio ar nodweddion allanol yn unig, e.e. yr hyn y bydd pobl yn ei wneud a'i ddwaud, neu'n ei fwyta a.y.y.b..
• archwilio pam fod pobl yn cadw dyddiau arbennig ar adegau arbennig o'r flwyddyn. Fel athrawon dylem bob amser gadw mewn cof y cwestiwn 'Beth a ddymunwn i'r plant ei ddysgu oddi wrth wyliau crefyddol?' Mae'r siart isod yn nodi rhai agweddau pwysig a rhai esiamplau o dair crefydd.

Beth a geir mewn gŵyl? Rhannu profiad

Rhannu atgofion

Cofio digwyddiadau o'r gorffennol:
Gŵyl y Bara Croyw: — y noson y dihangodd cenedl Israel o gaethiwed;
Y Pasg: — marwolaeth ac atgyfodiad Iesu;
Id-ul-Adha: — parodrwydd Ibrahim i aberthu ei fab

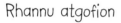

Rhannu credoau

Mynegi credoau:
Gŵyl y Bara Croyw: — nerth a gallu Duw i ryddhau ei bobl;
Y Pasg: — Duw'n dod yn ddyn ac yn marw ar y groes i ddod â maddeuant a dechreuad newydd
Id-ul-Adha: — ufudd-dod ac ymroddiad i ewyllys Allah

Rhannu gwerthoedd

Mae gwyliau'n ffyrdd o drosglwyddo i eraill gredoau a gwerthoedd sydd bwysicaf i gymuned

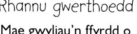

Rhannu gobeithion

Mynegi gobaith am y dyfodol:
Gŵyl y Bara Croyw: — y sicrwydd bydd y genedl Iddewig eto yn cael ei rhyddhau o ormes;
Y Pasg: – addewid am fywyd newydd y tu hwnt i farwolaeth;
Id-ul-Adha: Ummah — cymdeithas fyd-eang o Fwslimiaid wedi ei seilio ar gydraddoldeb a rhannu.

Rhannu ymroddiadau

Adnewyddu ffydd pobl:
Gŵyl y Bara Croyw: — y bydd y genedl Iddewig yn gweithio dros gyfiawnder a rhyddid rhag gorthrwm;
Y Pasg: — gweithio dros 'fywyd cyn marwolaeth' i bawb sydd mewn angen;
Id-ul-Adha: — goresgyn temtasiwn a drygioni a gweithredu ewyllys Allah

Mapio – meddwl adegau arbennig

I'r athro/athrawes

Dull yw mapio- meddwl y gellir ei ddefnyddio gyda disgyblion mor ifanc â 4 ac mor hen â 94!
Ffordd weledol yw hi o drefnu a chofio meddyliau a gwybodaeth. Dyfeisiwyd hi gan Tony Buzan (www.mind-map.com).
Mae'n ddefnyddiol ar gyfer:
• darparu darlun gweledol o syniadau, geiriau neu wybodaeth;
• canfod yr hyn a ŵyr disgyblion ar ddechrau gweithgaredd (asesu gwybodaeth flaenorol)
• rhoi cyfle i blant drafod gwybodaeth drwy ddefnyddio medrau amrywiol;
• asesu beth a ddysgwyd ar ddiwedd y topig.
Ceisiwch ddefnyddio map-meddwl i ddarparu arolwg o uned. I'r sawl sy'n dysgu orau yn 'weledol' neu'n 'rhesymegol/fathemategol', gall cyfeirio mynych at fap-meddwl fod o gymorth — (boed hwnnw'n ddisgybl neu athro!)

Dyma fap-meddwl a gynhyrchwyd gan fachgen 10 oed ar ddiwedd uned yn ymchwilio i brofiadau Pedr yn ystod wythnos y Pasg. Dengys dystiolaeth o gyrhaeddiad da iawn, — nid yn unig o wybodaeth a dealltwriaeth o'r prif ddigwyddiadau, ond ymwybyddiaeth sensitif a mewnwelediad i brofiadau personol Pedr.

Sut i fynd ati i lunio map meddwl. Arweiniad gam wrth gam:

1. Nodi'r pwnc.
2. Cyd-drafod syniadau, a gadael i'r plentyn gofnodi geiriau allweddol neu dynnu lluniau allweddol (neu gall rhywun eu cofnodi drosto)
3. Dosbarthu'r geiriau a/neu'r lluniau i grwpiau neu gategorïau.
4. Tanlinellu neu gylchu yn yr un lliw bob gair sy'n perthyn i'r un grŵp.
5. Ar dudalen fawr o bapur, tynnu llun neu ysgrifennu'r teitl yn y canol.
6. Dewis un grŵp o syniadau , a thrwy ddefnyddio lliw'r grŵp hwn, greu cangen. Nodi pennawd y dosbarthiad o fewn neu ar hyd y gangen.
7. Am bob syniad yn y categori, tynnu llun is-gangen a thynnu llun neu ysgrifennu geiriau perthnasol.
8. Gwneud yr un peth gyda phob grŵp neu gategori — gan greu cyfres o ganghennau o gwmpas y testun canolog.

Gweler hefyd...

Feddalwedd ryngweithiol Kidspiration ar gyfer disgyblion iau, sy'n cefnogi'r math hwn o ddysgu: www.inspiration.com

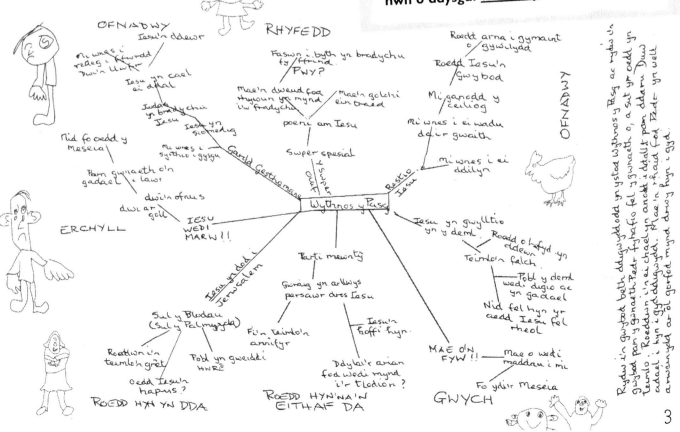

3

Suliau Arbennig

(Gweithgaredd mapio-meddwl i'r plant ievengaf)

I'r athro/athrawes

Cyn dechrau ar y gweithgaredd canlynol, bydd y plant wedi ymchwilio i resymau pam fod Dydd Sul yn ddydd arbennig i Gristnogion. Byddant yn gwybod ei fod yn goffâd wythnosol o'r diwrnod y daeth Iesu yn fyw eto ar y Sul y Pasg cyntaf. Byddant wedi clywed fel y mae Cristnogion yn aml yn cyfarfod i gyd-addoli ar y diwrnod hwn, a byddant wedi siarad am y manteision o gael diwrnodau arbennig i ddweud diolch, i ddathlu ac i fod gyda theulu a ffrindiau.

Gallesid defnyddio'r gweithgaredd hwn fel man cychwyn y dysgu neu fel gweithgaredd dilynol. Pan ddefnyddir ef gyda nodau asesu pendant, gall gyflwyno tystiolaeth o gyrhaeddiadau disgyblion. Gall plant sy'n cael trafferth gyda'r map-meddwl ddosbarthu'r lluniau i grwpiau megis Sul y Blodau, Sul y Pasg, Y Sul Cristnogol a Fy Sul i, gan egluro'u syniadau fel y gwnant hynny.

Lluniau i gefnogi'r dysgu: i'w copïo ac yna eu torri allan. Gallai'r plant ddewis ohonynt i'w hychwanegu at eu map-meddwl hwy, neu greu eu lluniau eu hunain

Y Gair allweddol — Dydd Sul

✦ Cyd-drafod: gofyn i'r plant ysgrifennu, dynnu llun neu ddweud wrth oedolyn yr hyn y maent hwy yn ei gysylltu â Dydd Sul. Pe bai angen, gallasai oedolyn awgrymu symbyliadau fel: *Be wyt ti'n ei hoffi am Ddydd Sul? Be wyddost ti am Ddydd Sul? Pam fod Dydd Sul yn ddydd arbennig i'r bobl hynny sy'n dilyn Iesu? Be mae llawer o Gristnogion yn ei wneud ar Ddydd Sul? Be ddigwyddodd i Iesu ar Sul y Pasg?*

✦ Gofyn i'r plentyn ddosbarthu cynnyrch y cyd-drafod i grwpiau neu gategoriau drwy danlinellu popeth sy'n perthyn i'r un grŵp gyda'r un lliw.

✦ Llunio map-meddwl. Gofyn i'r plentyn dynnu llun i gynrychioli dydd Sul ar ganol darn mawr o bapur, ac yna greu llinellau o liwiau gwahanol yn ymledu o'r llun yn y canol, — yr un lliwiau ag a ddefnyddiwyd wrth ddosbarthu'r syniadau. Yna tynnu lluniau ac ysgrifennu sylwadau fydd yn cynnwys syniadau mewn categori arbennig ar hyd y gangen berthnasol.

Y Pasg

Datblygu'r thema ar draws yr Ysgol Gynradd

I'r athro/athrawes

Y Pasg yw'r ŵyl bwysicaf i bob Cristion. Bydd llawer o ysgolion cynradd yn dysgu am y Pasg bob blwyddyn yn y cyfnod cyn yr ŵyl. Os ydych yn dilyn yr arfer hwn, mae'n bwysig iawn cael cynllunio gofalus er mwyn cynorthwyo plant i adeiladu ar yr hyn a ddysgwyd yn flaenorol ac er mwyn sicrhau sialens newydd. Isod mae awgrym o batrwm ar gyfer sicrhau dilyniant. Mae'r gweithgareddau ar gyfer rhai o'r themâu a awgrymir yma yn cael eu hamlinellu ar dudalennau 6 — 12. Ceir hyd i eraill mewn cyhoeddiadau cynharach yn y gyfres hon fel y dengys y grid.

Ffeithiau am y Pasg:

◆ Mae'r Pasg yn dathlu atgyfodiad Iesu o blith y meirw.

◆ Mae Gŵyl y Pasg yn dathlu digwyddiadau wythnos olaf bywyd Iesu. Adwaenir hi fel Wythnos y Pasg neu'r Wythnos Sanctaidd. Bydd yn cychwyn gyda Sul y Blodau (neu Sul y Palmwydd), y diwrnod y cyrhaeddodd Iesu Jerwsalem, ac yn diweddu gyda Sul y Pasg, diwrnod o lawenydd, o ddathlu atgyfodiad Iesu wedi ei farwolaeth ar y groes ar Ddydd Gwener y Groglith.

◆ Y groes yw prif symbol Cristnogaeth. Mae'r groes grog yn pwysleisio dioddefaint Iesu dros ddynoliaeth; mae'r groes wag yn pwysleisio'r atgyfodiad.

Blwyddyn	Thema	Dysgu am y Pasg	Dysgu oddi wrth y Pasg	Gweithgareddau
D	**Bywyd newydd**	Wyau Pasg	Arwyddion o wanwyn Dechreuadau newydd	Tud. 6 — 7
1	**Dathlu**	Sul y Pasg/Suliau	Cyfnod o lawenydd a dathlu	Tud 4 a 6
2	**Gardd y Pasg**	Amlinelliad o brif ddigwyddiadau stori'r Pasg gan ganolbwyntio ar y digwyddiadau yn yr ardd	Dechreuadau newydd — bylbiau, hadau — i gyd yn edrych yn farw, ond yn cynnwys addewid am fywyd newydd,— atgyfodiad	Tud. 8
3	**Tristwch/ Llawenydd**	Dydd Gwener y Groglith a Sul y Pasg	Amseroedd trist a hapus	Gw. 'Datblygu AG Gynradd: Iesu Tud 24 — 29
4	**Gwasanaethu eraill**	Y Swper Olaf Iesu yn golchi traed ei ddisgyblion	Sut y gallwn ddangos gwyleidd-dra? Sut y gallwn wasanaethu eraill?	Tud. 9-10 Gw. hefyd 'Datblygu AG Gynradd: Iesu Tud 24-26
5	**Methiant a Maddeuant**	Stori Pedr — Digwyddiadau'r wythnos olaf drwy lygaid Pedr	Adegau rydym wedi gadael pobl i lawr. Cael ail gyfle; gwneud iawn	Tud 3. Gw. 'Datblygu AG Gynradd: Faith Stories, Tud 17
6	**Dechreuadau newydd**	Mae diwedd yn medru troi'n ddechrau newydd— Marw Iesu a'r atgyfodiad. (Canolbwyntio ar yr Eglwys Uniongred Ddwyreiniol)	Y Nefoedd: Syniadau'r plant am y nefoedd	Tud 11 – 12 Gw. hefyd 'Datblygu AG Gynradd: Iesu Tud. 27 - 28

Archwilio'r Pasg gyda'r plant ieuengaf

I'r athro/athrawes

Mae'r cysyniad o 'atgyfodi' yn arbennig o anodd, ac nid yn unig i blant ifanc. Serch hynny, mae'n gred sylfaenol i'r ffydd Gristnogol, yn allweddol i'r Pasg, gŵyl bwysicaf y calendar Cristnogol. I blant 4 – 7 oed, bydd deall y syniad hwn yn cael ei ddatblygu drwy ymchwilio i'r symbolau sy'n gysylltiedig â bywyd newydd, i ddathliadau, a thrwy ail adrodd stori'r Pasg.

Gweithgaredd i ddisgyblion 1: Bywyd newydd

Copïwch y lluniau ar dudalen 7. Gellir eu torri'n gardiau unigol neu eu gadael fel un dudalen. Gall disgyblion:

✦ nodi'r lluniau sy'n mynd gyda'i gilydd ac egluro pam eu bod wedi paru un llun gyda'r llall;

✦ nodi'r hyn sy'n gyffredin i'r lluniau a'r hyn sydd yn wahanol;

✦ ddweud pam fod y ddelwedd ar waelod y dudalen yn cydfynd â'r geiriau;

✦ wrando ar stori'r Pasg

Dylid pwysleisio'r geiriau allweddol: Iesu, Pasg, bywyd newydd.

Gweithgaredd i ddisgyblion 2: Dyddiau arbennig a Suliau

Bydd angen saith cerdyn mawr wedi eu gosod o amgylch yr ystafell a diwrnod o'r wythnos ar bob un ohonynt.

✦ Trafod ystyron y geiriau 'arbennig' a 'dathliad'.

✦ P'run yw'ch diwrnod arbennig chi o'r wythnos? Ewch i'r man arbennig o'r dosbarth lle mae'ch diwrnod chi i'w gael.

✦ O flaen eich dewis 'ddiwrnod' chi, eglurwch wrth y lleill pam ei fod yn ddiwrnod mor arbennig i chi.

✦ Gwrandewch ar stori am ddiwrnod arbennig iawn (stori Sul y Pasg cyntaf).

✦ Pa ddiwrnod o'r wythnos dybiwch chi sy'n arbennig i Gristnogion? Beth y maent yn ei ddathlu ar y diwrnod hwn?

✦ Defnyddio'r gweithgaredd mapio-meddwl ar dudalen 4 i ddwyn ynghyd yr hyn a ddysgwyd ac i gyflwyno tystiolaeth o gyrhaeddiad y plant.

Ffeil ffeithiau: Wyau Pasg

✦ Mewn rhai **traddodiadau Cristnogol** (e.e yr Eglwys Uniongred Roegaidd) bydd wyau wedi eu berwi'n cael eu lliwio'n goch fel symbol o waed Crist.

✦ **Pysanka** yw'r enw ar y gelfyddyd o liwio wyau yn yr Iwcrain. Bydd y patrymau a'r lliwiau yn aml yn symbolaidd (e.e. y cylchoedd o gwmpas yr Ŵy = bywyd heb ddiwedd arno, coch = cariad)

✦ Adeg y Pasg bydd **gemau** gydag wyau wedi eu berwi a'u haddurno yn cynnwys cnocio ŵy eich gwrthwynebydd gyda'ch ŵy chi — y buddugwr yw'r un y bydd ei ŵy yn cracio olaf. (Dywed rhai fod hyn yn symbol o symud y maen oddi ar y bedd.)

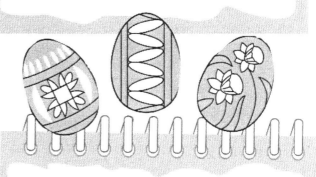

Gweler hefyd...

✦ *Tattybogle* gan Sandra Hyde a Ken Brown (1995, Hodder Children's Books, ISBN 0340-65677-8) *trawsnewidir bwgan brain yn goeden hardd, — stori ardderchog i blant ifanc, yn cydfynd â neges y Pasg am fywyd newydd.*

✦ Rechenka's Eggs gan Patricia Polacco (Philomel Books, 1988): *Torrir wyau prydferth Baboushka gan ŵydd sy'n rhoi rhywbeth llawer mwy gwerthfawr yn eu lle — stori am fywyd newydd.*

✦ **The Lion Storyteller Bible** (ISBN 0-7459292-4)

✦ **The Lion First Bible** (ISBN 0-7459-3210-X)

✦ **Y Beibl i Blant** (ISBN 1-85049-084-8)

Fedrwch chi baru'r lluniau?

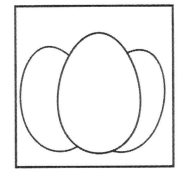
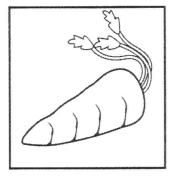

Iesu,
Y Pasg,
bywyd newydd.

Gweithgaredd ar gyfer disgyblion 3: Gardd y Pasg

I'r athro/athrawes

✦ Gofyn i'r disgyblion, wrth iddynt wrando ar y stori, ddychmygu eu bod yn yr ardd gyda'r merched yn gwylio popeth yn digwydd.

✦ Darllen y stori, gan gymryd saib yn aml er mwyn i'r plant allu dychmygu'r olygfa.

✦ Gofyn i'r plant siarad am sut y teimlent, a sut y gallasai'r merched fod yn teimlo.

✦ Chwyddo, copïo a thorri allan y blychau yn y grid isod. Gallasai'r plant nodi'r wyneb sy'n cyfateb i'r geiriau, ac yna didoli a gludo'r blychau yn y drefn gywir. Yna gorffen y frawddeg gychwynnol yn y blwch isaf a'i gludo i'r dudalen.

✦ Gall disgyblion ddangos eu dealltwriaeth o deimladau'r merched drwy ddisgrifio neu dynnu llun digwyddiad lle cawsant fraw neu syndod.

✦ Defnyddio'r gweithgaredd sydd ar y diwedd i gynorthwyo'r plant i ystyried eu rhesymau hwy dros bwysigrwydd y Pasg i Gristnogion.

Yn yr ardd
Seiliedig ar Mathew 28:1 - 10

Roedd yn gynnar iawn yn y bore ac yn dal yn ddigon tywyll, ond roedd rhai merched, ffrindiau Iesu, ar eu traed yn barod. Roeddynt yn ddigalon oherwydd dim ond dau ddiwrnod ynghynt roedd Iesu wedi marw. Heddiw roeddynt yn mynd i ymweld â'r fan lle'r oedd ef wedi ei gladdu, mewn gardd fawr, hardd. Roedd y bedd wedi ei dorri o graig solet, ac wedi i gorff Iesu gael ei roi ynddo, gwthiwyd carreg enfawr ar draws y twll. Roedd yn dechrau goleuo erbyn hyn. Gallent arogli'r gwlith ar y gwair, a'i deimlo yn wlyb yn erbyn eu coesau. Yn sydyn, dechreuodd y ddaear ysgwyd ac ysgwyd. Daeargryn! Roedd y merched wedi dychryn. Ond yna digwyddodd rhywbeth llawer mwy ofnadwy! Yn union o'u blaenau ymddangosodd angel a rhowlio'r garreg fawr oddi ar y bedd. Doedd y merched ddim yn gwybod a ddylent aros neu redeg i ffwrdd, ond siaradodd yr angel gyda hwy. Syfrdanwyd hwy gan yr hyn a ddywedodd wrthynt. 'Peidiwch ag ofni,' meddai, 'mae Iesu wedi ei godi o farw.' Dangosodd iddynt y fan lle gorweddodd Iesu, ac roedd y dillad gwynion y lapiwyd ef ynddynt yn un bwndel ar y llawr. Dywedodd yr angel wrthynt am fynd i ddweud wrth ffrindiau eraill Iesu beth oedd wedi digwydd. Gadawodd y merched y bedd yn gyflym, yn dal braidd yn ofnus, ond yn llawn hapusrwydd a llawenydd hefyd. Yna cawsant y syrpreis gorau i gyd. Allwch chi ddyfalu beth oedd? Roedd Iesu ei hun yn sefyll yno, yn union o'u blaenau. 'Peidiwch ag ofni,' meddai.

Tynnwch lun un o'r wynebau hyn ymhob blwch. Bydd yr wynebau'n dangos sut yr oedd y merched yn y stori'n teimlo.

= hapus

= trist

= poenus

Mae'r merched yn mynd i'r ardd yn gynnar ar fore'r Sul	Yn sydyn ceir daeargryn. Mae angel yn ymddangos ac yn rhowlio'r garrreg ymaith o'r bedd	Mae'r merched yn rhedeg i ddweud wrth y disgyblion beth sydd wedi digwydd	Maent yn cyfarfod Iesu, a dywed ef wrthynt am beidio ag ofni

Mae Cristnogion yn ar Sul y Pasg am eu bod yn credu

Gweithgareddau'r Pasg i ddisgyblion hŷn

Archwilio gwyleidd-dra a gwasanaeth i eraill drwy'r stori am Iesu yn golchi traed ei ddisgyblion.

I'r athro/athrawes

✦ Wedi'r Swper Olaf, mae Iesu **yn golchi traed ei ddisgyblion.** Fel rheol tasg i'r gweision oedd hon. Adroddir y stori yn Ioan 13.

✦ I Gristnogion mae'r stori rymus hon yn ymdrin â **gwyleidd-dra a gwasanaeth i eraill.** Caiff ei hail adrodd ar dudalen 10 mewn dull fyddai'n apelio at blant 7 – 9 oed

✦ Bwriad y gweithgareddau a amlinellir isod yw cynorthwyo plant i **ymchwilio ac ymateb** i themâu o wyleidd-dra a gwasanaeth.

Adrodd y stori…

✦ Mae 'stori dywysedig' yn ffordd rymus o **ddenu plant i mewn i stori.** Defnyddiwch ymarfer llonyddu* i greu awyrgylch dawel a myfyriol. Gofynnwch i'r plant **ddychmygu'r olygfa** fel y byddwch chi'n adrodd y stori, gan weld eu hunain yn rhan ohoni. Gadewch ddigon o seibiau iddynt allu myfyrio ar eu meddyliau a'u teimladau.

✦ Gellir addasu'r 'stori dywysedig' hon yn ôl oed a gallu'r dosbarth, ac o ran dewis personoliaethau poblogaidd ac yn y blaen. **Addasiad cyfoes** yw, gan osod cymeriad y gall plant uniaethu ag ef yn lle Iesu. Gofynnwch i'r disgyblion ddychmygu rhywun y maent yn ei barchu, hwyrach un o arwyr chwaraeon y dydd.

Wedi'r stori dywysedig…

✦ traed pwy ddewisodd y plant i'w golchi? Pam?
Gadewch i'r plant wybod fod y stori hon yn debyg i un a geir yn y Beibl sy'n adrodd am Iesu. Stori sy'n dangos Iesu yn wylaidd ac yn gwasanaethu eraill yw hi. Darllenwch y stori yn 'Y Beibl i Blant' (tt 368,369)

Bydd y gweithgaredd canlynol yn symbyliad i'r plant wneud **rhywbeth caredig i eraill** (gwasanaethu) ac **i dderbyn gweithred garedig gan eraill** (gwyleidd-dra mewn derbyn a chynnig canmoliaeth).

Gweithgaredd i ddosbarth: Gwasanaethu eraill

✦ Rhoi darn o bapur i bob disgybl. Maent yn ysgrifennu **eu henw ar ben y papur** a'i gyflwyno i'r disgybl ar y dde iddynt.

✦ Bydd pob disgybl **yn darllen yr enw** ar ben eu dalen newydd o bapur ac yn ysgrifennu **rhywbeth caredig** am y person hwnnw **ar waelod** y ddalen e.e. rhyw **ddawn** neu **nodwedd** sydd ganddynt y mae eraill yn ei **edmygu**, rhywbeth sy'n eu gwneud yn unigryw. **Plygu'r papur** o'r gwaelod i guddio'r hyn a ysgrifennwyd. Yna bydd y dalennau yn cael eu pasio ymlaen eto.

✦ **Ail-adrodd** hyn nes bod pob plentyn wedi cael ei ddalen ei hun yn ôl. Rhoi amser i'r plant **ddarllen yr hyn y mae eraill wedi ei ddweud amdanynt** ac i rannu hyn gyda phartner.

✦ Gyda'u partneriaid, cael y plant i **ysgrifennu rhestr o ddeg gweithred garedig** y gallent hwy **eu cyflawni i eraill** a derbyn bod ganddynt yr holl ddoniau a nodwyd ar eu dalen bersonol o bapur.

✦ Gallai'r rhestrau hyn ffurfio sail i **chwarae rôl**, a'r disgyblion yn cynllunio ac actio fesul dau: Sut y buasent yn defnyddio **eu doniau** i wasanaethu eraill?

Pethau i'w nodi

Mae'r gweithgareddau yn yr uned hon yn cyd-fynd â rhaglenni astudio Meysydd Llafur Cytûn Addysg Grefyddol: Pam fod y Pasg yn bwysig i Gristnogion?

* Ymarfer llonyddu: am fwy o wybodaeth gweler 'A to Z: Practical Learning Strategies', Mackley and Draycott (gol) RE Today Services, 2004, Tudalen 60

Cariad yw: gwasanaethu'n gilydd

Stori dywysedig: Bod yn wylaidd a gwasanaethu eraill

Dychmygwch, fel yr ydym yn eistedd yn y fan hyn, ein bod yn disgwyl ymweliad gan berson pwysig iawn: mae David Beckham yn dod i'n hysgol ni! Dychmygwch iddi fod yn ddiwrnod eithriadol o boeth, ac mae pawb yn teimlo'n chwyslyd wedi cyfnod chwaraeon. Byddech wrth eich bodd cael cawod a newid, ond mae'r prif athro yn mynnu eich bod oll yn sefyll mewn rhes yn y gwres, a phawb ar ei ymddygiad gorau. Rydych yn teimlo'n gynhyrfus — rydych yn meddwl am allu arbennig David Beckham i sgorio goliau. Mae mor dalentog. Rydych yn dechrau meddwl a wnaiff o aros i siarad efo chi, neu a wnaiff o gerdded yn syth heibio heb gymryd sylw ohonoch. Fydd o'n gyfeillgar gyda chi, neu a ydi o mor enwog a phwysig fel na wnaiff edrych i'ch cyfeiriad hyd yn oed? Fydd o am weld y bobl bwysig yn unig? Yn sydyn rydych yn gweld Rolls Royce mawr yn arafu, ac y mae ef yn camu allan o'r car. Rydych yn dal eich gwynt, yn ymdrechu i weld — mae'r cyffro yn annioddefol. Allwch chi ddim credu'r peth! Mae David Beckham yn camu i mewn i'ch dosbarth chi! Mae pawb yn edrych arno. Sut y bydd o'n ymddwyn? Ydi o'n rhy enwog i siarad efo'r un ohonoch, neu a wnaiff wenu i'ch cyfeiriad chi? Cymerwch ychydig funudau i ddychmygu beth dybiwch all ddigwydd.

…saib…

Heb neb yn gwneud unrhyw sŵn, rydych yn gwylio David yn gwneud rhywbeth cwbl annisgwyl. Mae'n gafael mewn tywel ac yn cerdded at y sinc. 'Rydych i gyd yn edrych yn boeth ac yn flinedig ar ôl eich gêm,' meddai gan edrych arnoch i gyd. Rydych yn dal i wylio fel y mae'n llenwi powlen gyda dŵr a mynd â hi draw at rywun yn eich dosbarth. Rydych yn edrych yn syn wrth ei wylio yn tynnu'r treinyrs a'r sanau ac yn golchi eu traed! Eu traed drewllyd, chwyslyd!! 'Mi wn i mor chwyslyd ac annifyr y bydda i'n teimlo ar ôl gêm,' meddai. 'Mi ddylai hynna fod yn well,' ychwanegodd fel yr oedd yn sychu traed y bachgen gyda'r tywel. Rydych yn sylweddoli mai'r person a ddewisodd oedd y sgoriwr gorau yn y dosbarth i gyd — hwyrach fod David yn gwybod hynny, a dyna pam y dewisodd ef. Ond yna mae'n mynd draw at berson na fyddai'n hoffi chwarae peldroed o gwbl, rhywun sydd prin yn gwybod pwy yw David Beckham, ac mae'n golchi ei draed ef hefyd ac yn sgwrsio gyda fo am ennyd. Rwan rydych mewn penbleth go iawn…Pam mae'n ymddwyn fel hyn? Pam dylai rhywun mor fawr fod mor wylaidd?…

…saib…

Rydych yn gwylio David yn mynd o amgylch y dosbarth yn golchi traed pawb, ac yn raddol rydych yn sylweddoli ei fod yn mynd i'ch cyrraedd chi, a golchi eich traed chithau hefyd. Sut y mae hyn yn gwneud i chi deimlo?…. Beth ddywedwch chi wrtho?…Dychmygwch yr olygfa a meddyliwch am eich teimladau… Mae David yn golchi eich traed chi ac fel y mae'n eu sychu meddai, 'Ewch a gwneud yr un fath,' a rhoi'r bowlen a'r tywel i chi a gadael y dosbarth….Cymerwch ychydig funudau i ddychmygu'r hyn a wnewch chi nesaf..ble'r ewch chi â'r bowlen? Traed pwy wnewch chi eu golchi?..

…saib…

Deall y Pasg

I'r athro/athrawes

I Gristnogion, nid rhywbeth a ddigwyddodd tua 2,000 o flynyddoedd yn ôl yn unig yw'r Pasg, ond rhywbeth pwerus sydd ag arwyddocâd mawr heddiw. Gall y gweithgareddau a amlinellir yma alluogi disgyblion cynradd C.A.2 i ddangos y medrant:

✦ **ddehongli** ystyron symbolau Cristnogol

✦ **nodi'r** rhannau o stori wythnos y Pasg y mae'r symbolau yn eu cynrychioli

✦ **osod** y digwyddiadau sy'n arwain at Sul y Pasg yn eu trefn;

✦ **werthuso** pa symbolau sydd â'r arwyddocâd dyfnaf i Gristnogion heddiw, gan roi rhesymau ystyriol dros eu hatebion

✦ **gynllunio**, gan ddefnyddio lliw a siap:

● eu symbol eu hunain ar ystyr y Pasg i Gristnogion

● llun i fynegi eu syniadau eu hunain, a'u cwestiynau, am y nefoedd

Gweithgaredd i blant hŷn
C.A.2. Ysgol Gynradd

Gellir defnyddio'r gweithgaredd: i gadarnhau'r hyn a ddysgwyd eisoes, i gyplysu gwybodaeth a ddysgwyd un flwyddyn â'r hyn a ddysgwyd mewn blwyddyn arall; neu i asesu'r hyn a ddysgwyd ar ddiwedd topig.

Trefnu'r plant mewn parau, a rhoi set o'r cardiau isod i bob pâr. Gofyn iddynt:

✦ **adnabod** pob symbol a nodi â pha ran o stori wythnos y Pasg y maent yn gysylltiedig;

✦ **roi'r symbolau** yn eu trefn gywir i gydfynd â digwyddiadau wythnos y Pasg, gan ddechrau gyda Sul y Blodau hyd at Sul y Pasg. (Mae dau na ddylent fod yna; a all y disgyblion eu canfod?)

✦ **benderfynu** gyda'i gilydd pa ran o'r stori yw'r bwysicaf i Gristnogion heddiw ac egluro pam;

✦ **gynllunio bathodyn llaped** y byddai Cristion heddiw yn falch o'i wisgo i ddangos ei gredoau/ei chredoau

Mathew 26:26-28;	Ioan 13:1-15;	Marc 15:15-23;	Marc 11: 1-11;
Luc 23: 44-49;	Ioan 19: 17;	Luc 22:47-53;	Mathew 2:1-2;
Marc16:1-8;	Marc 14:32-42;	Luc 22:4-6;	Mathew 21:12-17;
"Dydw i ddim yn ei nabod o" Luc 22:54-62;	Marc 15:1-5;	Marc 10:13-16;	Mathew 22:15-22;

Atgyfodiad a Nefoedd

I'r athro/athrawes

Mae dathliad y Pasg o fewn Cymuned Uniongred Gristnogol yn adnoddyn cyfoethog a hynod o weledol a allai gynorthwyo disgyblion i ymchwilio i ddau syniad Cristnogol sy'n perthyn i'w gilydd, sef atgyfodiad a nefoedd.

Mae'r wybodaeth a geir isod yn tynnu sylw at rai pwyntiau allweddol fydd o gymorth i athrawon wrth gyflwyno'r gweithgareddau i'r disgyblion.

Ystyr y Pasg i Gristnogion Uniongred

'Fore Sul Atgyfodiad ein Harglwydd a'n Duw a'n Gwaredwr Iesu Grist yw ein llawenydd a'n holl fywyd fel Cristnogion Uniongred. Heb Pascha (Y Pasg) nid oes Cristnogaeth, nid oes efengyl, nid oes gobaith. Yn llawenydd yr atgyfodiad caiff popeth ei wneud yn fyw.' www.antiochian-orthodox.co.uk

Mynegi syniadau am y nefoedd

Mae eglwys Uniongred yn fwy nag adeilad i gyfarfod ynddo. Mae ei adeiladwaith a'i gelfyddydwaith yn siarad cyfrolau am y berthynas sy'n bodoli rhwng Duw a dyn, er enghraifft:

Y gromen

Mae siap y gromen yn symboleiddio sut y mae pethau'r nefoedd a phethau'r byd yn cael eu dwyn ynghyd yn Iesu. Bydd y tu fewn i'r gromen yn aml yn cynnwys darluniau o'r Crist atgyfodedig yn teyrnasu yn y nefoedd.

Corff yr Eglwys

Bydd corff yr eglwys fel rheol yn betryal, fel llong. Lle arbennig yw hwn i bobl Dduw, y rhai sy'n fyw heddiw a'r rhai a fu fyw yn y cyfnodau cynt, ac y gwelir, o gorff yr eglwys, ddelweddau ohonynt mewn iconau a ffresgos.

Lliwiau

Defnyddir lliwiau ym mhobman i ddarlunio credoau a themâu allweddol. Mae'r lliwiau symbolaidd yn cynnwys:

- ✦ glas golau — Mair
- ✦ aur — Teyrnas Dduw;
- ✦ porffor neu ddu — tywyllwch
- ✦ gwyn — Iesu
- ✦ glas — y nefoedd
- ✦ gwyrdd — yr Ysbryd Glân

Yr Atgyfodiad
www.ateliersaintandre.net/en/pages/latest_work/marble.html

Gweithgareddau i ddisgyblion hŷn C.A.2

- ✦ **Dangos llun** Uniongred traddodiadol o'r atgyfodiad, fel yr un a welir uchod (gellir cael esiamplau'n rhwydd oddi ar y wê ac mewn llyfrau). Gofyn iddynt:
- ✦ **geisio adnabod** y credoau am yr atgyfodiad a gyflwynir gan yr arlunydd, a nodi sut mae'n cyfleu hyn (e.e. lliw, siap, lleoliad, ystum,)
- ✦ **gysylltu'r darlun** â'r stori Feiblaidd (sylwer ar yr offer ym mlaen y llun uchod);
- ✦ **awgrymu** sut y gall y bobl yn y llun fod yn teimlo a pham (prociwch hwy gyda'r dyfyniad a geir ar y dudalen hon).
- ✦ **Tynnu llun neu ddangos** siap cromen i'r disgyblion. Gofyn iddynt:
- • **gysylltu'r siap** â'r darlun o'r Atgyfodiad;
- • **awgrymu** pam fod cromen yn siap da i'w ddefnyddio mewn eglwys, a dyfalu beth fyddai wedi ei baentio y tu fewn iddi.
- • **gynllunio** darlun eu hunain i'w roi y tu fewn i gromen, fyddai'n mynegi eu syniadau hwy, a'u cwestiynau am y nefoedd.

Divali:Lakshmi — duwies lwc dda.

I'r athro/athrawes

Mae'r gweithgareddau canlynol yn defnyddio amrywiaeth o alluoedd dysgu i ymchwilio i bwysigrwydd Lakshmi a gŵyl Divali i Hindwiaid heddiw. Bydd y gweithgareddau yn annog disgyblion i:

✦ ymchwilio i, a dehongli delwedd weledol o'r dduwies Hindŵaidd, Lakshmi;

✦ defnyddio sgiliau llefaru a gwrando i ofyn ac i ymateb i gwestiynau treiddgar;

✦ fyfyrio ar fendithion, lwc dda, caredigrwydd a haelioni.

O ganlyniad i'r gweithgareddau hyn dylai disgyblion allu:

✦ *nodi rhai ffyrdd y bydd Hindwiaid yn dathlu Divali a disgrifio tair ffordd y bydd Hindwiaid yn dangos eu hymroddiad i Lakshmi;*

✦ *gofyn rhai cwestiynau ac awgrymu rhai atebion am y dathliad a phwysigrwydd Divali i Hindwiaid.*

Ffeil ffeithiau: Divali a Lakshmi

✦ **Divali** yw Gŵyl Goleuni yr Hindwiaid, sydd hefyd yn dynodi dechrau blwyddyn newydd.

✦ Fel rheol bydd yn digwydd yn ystod mis **Hydref neu Dachwedd**. Ceir amrywiol ffyrdd o ddathlu mewn gwahanol rannau o India ac o fewn cymunedau Hindŵaidd gwahanol. Yn aml goleuir lampau Diva yn ystod yr ŵyl hon, ac felly cyfeirir ati fel Gŵyl y Goleuadau neu Gŵyl Goleuni.

✦ **Puja:** bydd y defodau addoli hyn yn dangos parch arbennig at Lakshmi yn ystod Divali.

✦ Lakshmi yw *shakti* (cymar neu wraig) y duw **Vishnu**, a chaiff ei geni bryd bynnag y caiff ef ei eni. Pan fydd ef yn ymddangos fel **Rama**, caiff hi ei geni fel **Sita**, pan fydd ef yn **Krishna**, bydd hithau yn Radha.

✦ Hi yw duwies cyfoeth, lwc dda a harddwch. Bydd addolwyr yn gweddïo am iechyd a llwyddiant i'w teuluoedd yn ystod y flwyddyn sydd i ddod.

Pethau i'w nodi...

Mae'r gweithgareddau yn yr uned hon yn cyd-fynd â rhaglenni astudio Meysydd Llafur Cytûn Addysg Grefyddol: Sut a phaham y mae Hindwiaid yn dathlu Divali? — Sut y mae Hindwiaid yn gweld Duw?

Gweler hefyd...

Safleoedd gwe am ddarluniau o Lakshmi a duwiau a duwiesau Hindŵaidd eraill:
www.hindunet.org
www.sanatansociety.org
www.strath.ac.uk/Departments/SocialStudies/RE/Database

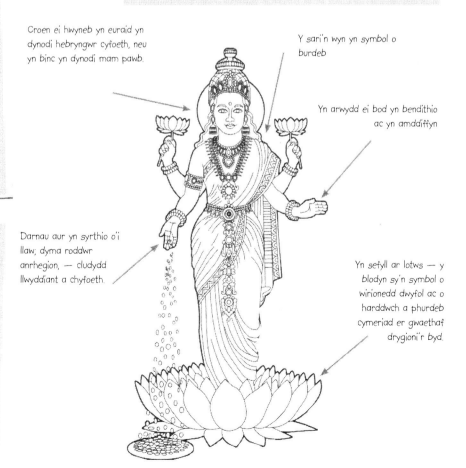

Croen ei hwyneb yn euraid yn dynodi hebryngwr cyfoeth, neu yn binc yn dynodi mam pawb.

Y sari'n wyn yn symbol o burdeb

Yn arwydd ei bod yn bendithio ac yn amddiffyn

Darnau aur yn syrthio o'i llaw; dyma roddwr anrhegion, — cludydd llwyddiant a chyfoeth.

Yn sefyll ar lotws — y blodyn sy'n symbol o wirionedd dwyfol ac o harddwch a phurdeb cymeriad er gwaethaf drygioni'r byd.

Gweithgaredd i ddisgyblion
Archwilio delwedd o Lakshmi

✦ Rhoi darlun (neu ddelw) o'r dduwies Lakshmi i grŵp o ddisgyblion. Gellir dadlwytho'r lluniau o safle gwê a'u hargraffu (mewn lliw os yn bosibl) yng nghanol dalen A3. Neu gellir eu harddangos ar fwrdd gwyn rhyngweithiol fel gweithgaredd i ddosbarth cyfan.

✦ Gofyn i'r disgyblion mewn grwpiau bychain i edrych yn fanwl iawn ar y 'person'. Defnyddiwch gwestiynau procio i strwythuro syniadau'r disgyblion. Gellir arddangos y rhain neu eu rhannu ar gardiau procio.

✦ Gofyn i'r disgyblion feddwl am yr hyn a ddywed y darlun wrthynt am y math o 'berson' y maent yn ei hastudio, ac am o leiaf ddau gwestiwn yr hoffent eu gofyn i'r 'person' yma pe caent y cyfle. (Gall disgyblion ifanc iawn, neu ddisgyblion sy'n ei chael yn anodd i ysgrifennu, gyfrannu i'r drafodaeth gyda rhywun arall yn cofnodi eu hymateb.)

✦ Parhau y gweithgaredd drwy gasglu ymateb y disgyblion a'u cofnodi o gwmpas y darlun o Lakshmi ar y bwrdd gwyn, gan nodi pa sawl grŵp a gofnododd syniadau tebyg. Dod i gasgliad am yr hyn a ddysgwyd am Lakshmi o edrych ar y darlun ohoni.

✦ Trafod y cwestiynau yr hoffai'r plant eu gofyn i Lakshmi. Cael y plant i awgrymu sut y tybient y byddai hi'n eu hateb. Os yn bosibl, gwahodd rhiant neu gyfaill Hindŵaidd i'r ysgol i gymryd rhan yn y gweithgaredd hwn.

✦ Tynnu'r drafodaeth at ei gilydd drwy gyflwyno'r syniad o symboliaeth, gan ddangos sut y mae'r ddelwedd o Lakshmi yn symbolaidd i Hindwiaid. Siarad am Lakshmi a sut yr addolir hi gan lawer o Hindwiaid adeg Divali fel duwies lwc dda, cyfoeth a dechreuadau newydd.

Cwestiynau ar gyfer disgyblion

Beth mae'r darlun yn ei ddweud wrthych am Lakshmi?

Beth mae ei dillad ac unrhyw beth arall a wisga yn ei ddweud wrthych amdani?

Pam y tybiwch fod ganddi bedair braich?

Beth mae'n ei wneud â'i dwylo — a pham?

Edrychwch ar ei hwyneb — sut berson yw hi dybiwch chi?

Pe gallech, pa gwestiynau fyddech chi'n ei gofyn iddi?

I'r athro/athrawes

Trafodaeth ddilynol gyda'r dosbarth: bydd eich cwestiynau'n dibynnu ar ymatebiadau'r disgyblion, er enghraifft:

Roedd pedwar grŵp yn dweud ei bod yn edrych yn garedig — beth wnaeth i chi feddwl hynny?

Roedd chwe grŵp yn dweud ei bod yn gyfoethog, — pa dystiolaeth sydd gennych i gadarnhau hynny?

Roedd tri grŵp yn dweud ei bod hi'n hael — pam y credwch hynny?

Y cwestiynau yr hoffent eu gofyn: canolbwyntio ar pam y maent am ofyn y cwestiwn a sut y gallasai hi eu hateb. *Isod ceir rhai esiamplau o ymatebion plant wrth ddilyn y gweithgaredd hwn.*

Sut y mae hi'n edrych a sut y mae'n gwneud i chi deimlo?

Mae hi'n hardd iawn ac yn gyfoethog.

Dydi hi ddim yn gwisgo esgidiau.

Mae ganddi bedair braich.

Mae hi'n edrych yn heddychlon.

Mae hi'n edrych yn hapus.

Mae hi'n ffeind.

Mae ganddi hi deimlad o dawelwch.

Mae ei llygaid yn gwneud i ni deimlo'n heddychlon.

Mae hi'n gwneud i ni deimlo'n hapus am ei bod hi'n hapus.

Beth hoffech chi ei ofyn iddi?

Pam fod gennych bedair braich?

Pam yr ydych yn cydio yn y blodyn yna?

Rydych yn edrych yn hapus.

Ydach chi mewn gwirionedd?

Pwy roddodd yr holl dlysau i chi?

Pam yr ydych yn gollwng yr holl gerrig ar lawr? *(angen ei gywiro — nid cerrig ond darnau o aur)*

Bendithion a lwc dda i'r byd

Trafodaeth a gweithgaredd arddangos i ddisgyblion hŷn, C.A.2, Ysgol Gynradd

I'r athro/athrawes

✦ Cred Hindwiaid fod Brahman, Ysbryd Mawr yr hollfyd, y tu draw i ddirnadaeth ddynol ond fod pob duw a duwies yn rhoi rhyw awgrym o'r hyn yw Duw. Mae **Lakshmi** yn dangos Duw **hael**, **caredig** a **chariadus**, yn hebrwng lwc dda i'r rhai sy'n ei haddoli.

Bydd y gweithgaredd hwn yn galluogi disgyblion i gymhwyso'r syniad o **Lakshmi, fel hebryngwr bendithion a lwc dda**, i'w profiadau eu hunain o'r byd.

✦ Rhoi copi chwyddedig o'r fframwaith isod i bob disgybl. Egluro eu bod i feddwl am y lwc dda y bydd Hindwiaid yn gofyn i Lakshmi amdano adeg Divali. Beth allai hwn fod i'w hysgol ac i'r byd o'u cwmpas?

✦ Gadael i ddisgyblion yn unigol fyfyrio ar, a chofnodi'r 'bendithion' a'r 'lwc dda' y credant fyddai'n gwella eu bywyd hwy, bywydau eu cyfeillion neu aelodau o'u teuluoedd, a'r ysgol a'r byd yn gyffredinol;

✦ Ffurfio grwpiau i rannu syniadau. Canolbwyntiwch ar yr ysgol (3), y gymuned (4) a'r byd (5). Cytunwch gyda'ch gilydd ar un awgrym ymhob categori i ganolbwyntio arno.

✦ Ar gylchoedd o gerdyn aur (ar ffurf darnau arian) mae pob disgybl i

Disgwyliadau

Erbyn diwedd y gweithgaredd hwn dylai disgyblion allu:

✦ deall fod llawer o Hindwiaid yn gweddïo ar **Lakshmi** am 'lwc dda' adeg **Divali**;

✦ mynegi eu syniadau eu hunain am yr hyn y gall 'bendithion' a 'lwc dda' o'r fath ei olygu i'n byd ni;

✦ awgrymu ffyrdd y gall pob un ohonom helpu i greu byd tebyg i hyn.

gynhyrchu llun a darn ysgrifenedig ar y pwnc y cytunwyd arno gan y grŵp. Rhoi'r llun ar un ochr i'r cerdyn, ac ar yr ochr arall nodi'r hyn y credant hwy y dylid ei wneud i wella pethau. Yna dylid dwyn y gwaith gorffenedig at ei gilydd fel bod darnau aur pob grŵp ar gyfer 3,4,a 5 wedi eu cysylltu â'i gilydd. Arddangos y rhain yn yr ystafell ddosbarth, gan eu crogi o'r nenfwd fel y darnau aur yn syrthio o law Lakshmi.

✦ Cael disgyblion yn unigol i ddewis naill ai 1 neu 2 ac ysgrifennu ychydig frawddegau am y 'bendithion' neu'r 'lwc dda' y gobeithiant eu hennyn iddynt eu hunain, neu i'w ffrindiau a'u cyfeillion, ac egluro sut yr aent ati i wneud hyn.

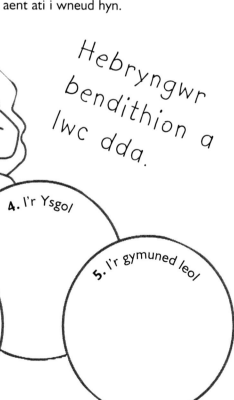

Lakshmi

Hebryngwr bendithion a lwc dda.

2. I mi

4. I'r Ysgol

1. I'r byd yn gyffredinol

3. I ffrind neu aelod o'm teulu

5. I'r gymuned leol

Dathlu Divali

I'r athro/athrawes

Fel rhan o ddathliadau **Divali**, bydd Hindwiaid yn cynnau **lampau diva** i gymell **Lakshmi** i ddod i'w cartrefi yn dwyn bendithion a lwc dda am y flwyddyn sydd i ddod.

I'r Hindwiaid, mae'r ddefod hon yn symbol o'r ffordd y croesawir y dwyfol i'w bywyd bob dydd. Dyma esboniad byr o'r ffordd y bydd **Ashish** a **Prakash** (dau frawd sy'n byw yn Llundain) a'u teuluoedd yn dathlu Divali.

Gweler hefyd

Y stori bwysicaf a adroddir adeg Divali yw stori Rama a'i wraig Sita.

Gweler: Developing Primary RE: Faith Stories (RE Today Services 2003) tud 18 – 21 am weithgareddau i ymchwilio i'r stori hon gyda disgyblion.

Gweler hefyd: 'Dysgu Trwy Themâu' Llyfr 2 (Canolfan Genedlaethol Addysg Grefyddol 1994) Tud: Ch 6 — Ch 10.

Ashish a Prakash yn dathlu Divali

Mae Divali yn adeg arbennig iawn i ni. Bydd mam yn treulio llawer o amser yn glanhau'r tŷ yn barod ar gyfer yr ŵyl. Bydd yn gwneud i ni helpu hefyd! Bydd hi a'n modryb a nain yn treulio llawer o amser yn coginio. Maent yn gwneud llawer o dda-da neu losin. Byddwn hefyd yn mynd i siopa am ddillad newydd i'w gwisgo. Bydd y tŷ'n cael ei addurno gyda swastikas coch. Mae'r swastika Hindŵaidd yn wahanol i'r un Natsiaidd! Mae'n un ni yn hen symbol am lwc dda. Bydd yna hefyd lawer o ganhwyllau a divas (lampau olew) o gwmpas y tŷ fel ei fod yn llawn goleuni. Byddwn hefyd yn rhoi lampau diva ar y grisiau i'r tŷ ac i lawr y llwybr i'n drws ffrynt. Gwnawn hyn i groesawu Lakshmi, duwies goleuni, i'n tŷ ni ar gyfer y dathliadau, ac i ofyn iddi ddod â lwc dda i ni am y flwyddyn i ddod. Bydd ein teulu ni i gyd yn dod at ei gilydd, ac weithiau bydd ffrindiau yn dod hefyd. Fel y bydd yn dechrau tywyllu byddwn yn cynnig puja (defod addoli) i Lakshmi, ac wedyn byddwn yn cael pryd blasus o wahanol gyris, reis a bara, ond rhaid cadw lle at y da-da (losin) y bydd mam wedi eu paratoi i ni! Wedi hyn, bydd tân gwyllt yn yr ardd. Rydym ni'n credu fod Lakshmi yn bwysig iawn am ei bod yn dod â lwc dda. Mae hi'n garedig a hael, ac y mae am i ni fod yn garediig a hael hefyd.

Gweithgaredd i'r plant ieuengaf

Siaradwch am yr adeg y daw ymwelydd arbennig i'ch tŷ chi. Sut y byddwch yn paratoi ar gyfer yr ymweliad? Pam fod yn rhaid cael y fath ofal?

Darllen yn uchel i'r plant hanes y ffordd yr oedd **Ashish** a **Prakash** yn paratoi ar gyfer Divali, ac yn croesawu Lakshmi i'w cartref.

Paratoi y gornel gartref ar gyfer Divali. Tacluswch hi a'i glanhau, gan ychwanegu blodau a llawer o ganhwyllau 'wedi eu goleuo' (wedi eu gwneud o diwbiau da-da/losin wedi eu gorchuddio â phapur gwyn a chyda fflam o bapur tisiw oren neu felyn). Rhowch gerflun neu ddarlun o Lakshmi yno. Eisteddwch yn y gornel gartref, a siaradwch am ffyrdd o fod yn garedig a hael i'n gilydd. Rhannwch beth o'r da-da/losin cyn mynd gartref.

Gweithgaredd ar gyfer plant hŷn yr Ysgol Gynradd

Fesul pâr: darllenwch gyda'ch gilydd am y ffordd yr oedd Ashish a Prakash yn paratoi ar gyfer Divali. Gwnewch restr o'r pwyntiau allweddol o'r hyn a wnant wrth baratoi, ac wedyn, ar y diwrnod ei hun. Cymharwch yr arferion hyn gyda'r rhai sy'n perthyn i wyliau crefyddau gwahanol (e,e Y Nadolig mewn Cristnogaeth, neu Hanukkah mewn Iddewiaeth) Beth sy'n debyg a beth sy'n wahanol ynddynt?

Ar eich pen eich hun: Cred Hindwiaid fod Lakshmi yn hael a charedig. Meddyliwch am adeg pan fu rhywun yn garedig wrthych chi. Sut y gwnaeth hyn i chi deimlo? Mynegwch eich teimladau ar ffurf darn o farddoniaeth, ar ffurf haiku neu mewn dull acrostig. Arddangoswch y cerddi yn y dosbarth.

Id-ul-Fitr ac Id-ul-Adha:
adegau arbennig mewn Islam

Ffeil ffeithiau: Id-ul-Fitr

✦ Bydd Ramadam, mis ymprydio'r Mwslimiaid, yn dod i ben gyda dathliad a elwir yn **Id-ul-Fitr**. Dyma un o ddwy ŵyl bwysicaf Islam. Y llall yw Id-ul-Adha.

✦ Mae 'Id' yn golygu 'hapusrwydd dibaid'. Mae'n ŵyl sy'n dathlu achlysur hapus ac yn gyfle i roi diolch i Allah. Bydd yn ddiwrnod llawen, yn ŵyl grefyddol. Cyfnewidir anrhegion a chardiau. Bydd plant yn gwisgo dillad newydd.

✦ Mae **Id-ul-Fitr** yn dynodi diwedd **Ramadan**, sef cyfnod o fis pan fydd Mwslimiaid wedi ymarfer hunan ddisgyblaeth. Bydd y dathlu hwn yn ennyn teimladau o berthyn, o gytgord perffaith â'u cyd-Fwslimiaid.

✦ Yn ystod y cyfnod hwn, byddant yn cofio am y rhai llai ffodus, ac yn cyfrannu'n hael at elusennau. Yn ystod Id, bydd Mwslimiaid yn mynd i'r mosg i weddïo.

✦ Cyn cyflawni'r ddefod gweddïo bydd Mwslim yn cyfrannu at elusen: Zakat-ul-Fitr.

✦ Bydd cymdogion yn ymweld â'i gilydd a chyfnewid cyfarchion yn ystod Id, ac felly yn atgyfnerthu'r ymdeimlad o berthyn i'r gymuned.

Gweithgaredd ar gyfer y disgyblion cynradd ieuengaf: Dathlu a chofio

Mae **Id-ul-Fitr** yn **ddathliad blynyddol** llawen.

✦ Trafod syniadau am rai dathliadau arbennig y bu'r disgyblion yn rhan ohonynt. Trafod sut y dathlwyd rhyw achlysur arbennig fel penblwydd, er enghraifft y dillad a wisgent, pwy helpodd hwy i ddathlu, sut y gwnaethon nhw ddathlu, y paratoadau, a.y.y.b.

✦ Bydd Mwslimiaid yn **cyfnewid anrhegion a chardiau** yn ystod Id, yn union fel ar benblwydd. Pe byddai'r disgyblion yn anfon cardiau atynt hwy eu hunain i gofio am y pethau pwysicaf a wnaethant neu a ddysgwyd ganddynt ers eu penblwydd diwethaf, beth fyddent yn ei gynnwys? Defnyddio fframwaith tebyg i'r un isod i strwythuro a dosbarthu syniadau'r disgyblion. Casglu ynghyd yr hyn a ysgrifennwyd ganddynt, yn ogystal â'u darluniau a'u gosod o fewn cerdyn mawr wedi ei blygu.

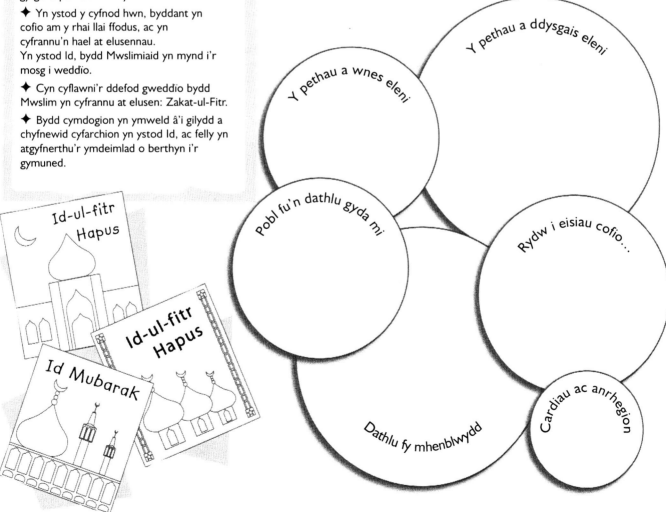

Y pethau a wnes eleni

Y pethau a ddysgais eleni

Pobl fu'n dathlu gyda mi

Rydw i eisiau cofio...

Dathlu fy mhenblwydd

Cardiau ac anrhegion

Id-ul-fitr Hapus

Id-ul-fitr Hapus

Id Mubarak

Gweithgaredd ar gyfer disgyblion hŷn ysgolion cynradd: Archwilio ystyr Id-ul-Fitr

Prif nodweddion Id-ul-Fitr yw:

✦ cyfrannu at achos da;

✦ gweddïau yn y mosg;

✦ dillad a chardiau;

✦ cofio'r gwersi a ddysgodd Ramadan iddynt;

✦ ymweld â chymdogion;

Bydd y gweithgaredd canlynol yn cynorthwyo disgyblion i archwilio'r nodweddion hyn ac i ddatblygu dealltwriaeth o ystyr Id-ul-Fitr i Fwslimiaid

☛ Drwy ddefnyddio TGCh a gwerslyfrau, cael y disgyblion i ymchwilio i'r hyn y bydd Mwslimiaid yn ei wneud a'i gofio yn ystod Id. Ceisio darparu adnoddau fydd yn disgrifio Id o safbwynt Mwslim ifanc. Yr adnodd gorau fyddai ymwelydd Mwslimaidd fyddai'n gallu siarad â'r disgyblion ac ateb eu cwestiynau.

☛ Hybu myfyrio ar sefyllfaoedd tebyg o fewn profiadau'r disgyblion eu hunain drwy ddefnyddio cynigion tebyg i hyn:

✦ Yr adeg y gwnes i rywbeth at achos da oedd…

✦ 'Cymuned' yr ydw i'n perthyn iddi ydi…   Efo'n gilydd byddwn…

✦ Mi wisgais i ddillad arbennig, a dathlu drwy roi a derbyn anrhegion pan…

✦ Digwyddiad a wnaeth i mi deimlo'n agos at bobl eraill oedd…

Rhoi amlinelliad wedi ei chwyddo o'r Seren Islamaidd i bob disgybl. Ar un ochr i'r seren cael y disgyblion i lenwi gwybodaeth ffeithiol am Id a dweud pam ei fod yn bwysig i Fwslimiaid. Ar yr ochr arall, ysgrifennu am brofiad tebyg a gawsant hwy. Eu cael i'w haddurno â phatrymau Islamaidd a'u harddangos fel symudion.

Gyda dymuniadau gorau ar achlysur Id. Gweddïwn ar i Allah Subhana Wa ta Ala i'ch bendithio a'r Ummah Islamaidd, gyda'i ras diderfyn.

Gweler hefyd…

Llyfrau i athrawon
Teaching RE 5-11: Islam (RE Today Services)
Islam: A Pictorial Guide (RE Today Services)
Fideos
Pathways of Belief: Islam (BBC)
Speaking for Ourselves (RMEP)

Safleoedd ar y wê:
http://re-xs.ucsm.ac.uk
www.holidays.net/ramadan
www.bbc.co.uk/religion/religions/islam
www.atschool.eduweb.co.uk/carolrb/islam/f
estivals.html

I'r athro/athrawes: Disgwyliadau

Mae'n bwysig bod yn glir ynglŷn â'r hyn y dymunwch i ddisgyblion ei wybod, ei ddeall, a'r hyn y disgwyliwch iddynt allu ei wneud erbyn diwedd y gweithgaredd dysgu. Isod gwelir dau osodiad 'Gallaf' sy'n disgrifio'r canlyniadau mewn ffordd ddisgybl-gyfeillgar. Maent yn cyd-fynd â chynnwys yr awgrymiadau dysgu uchod.

'**Gallaf** wneud cysylltiad rhwng Id, Ramadan, a fy mhrofiadau fy hun o ddathlu ac o hunan ymwadiad…..'

'**Gallaf** ofyn rhai cwestiynau ac awgrymu rhai atebion am y pethau hynny sy'n cyfrif fwyaf i Fwslim, (e.e. gwerthoedd fel perthyn i gymuned, addoli Allah, gofalu am y rhai mewn angen).'

I chi i'w gwneud..

Defnyddiwch lyfrau a TGCh i ganfod sut y mae
Mwslimiaid yn dathlu gŵyl Id-ul-Fitr;
Defnyddiwch y penawdau hyn i'ch helpu:

✦ Cyfrannu at achos da

✦ Gweddïo yn y mosg;

✦ Dillad a chardiau;

✦ Cofio gwersi a ddysgodd Ramadan
iddynt

✦ Ymweld â chymdogion;
Dangoswch yr hyn y llwyddoch i'w ganfod, mewn
geiriau a lluniau, ar siap seren fel yr un isod.

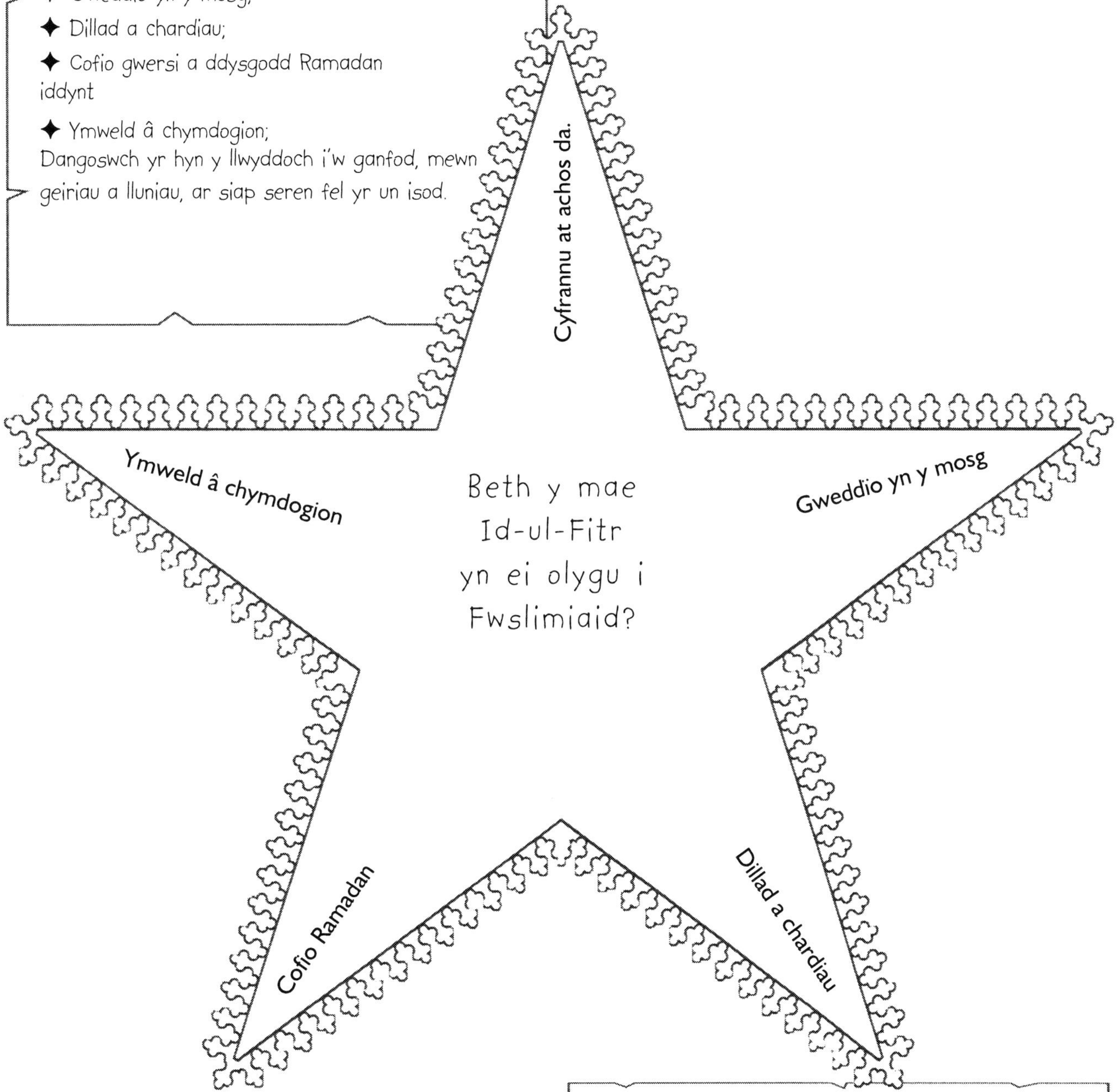

Cyfrannu at achos da.

Ymweld â chymdogion

Gweddïo yn y mosg

Beth y mae
Id-ul-Fitr
yn ei olygu i
Fwslimiaid?

Cofio Ramadan

Dillad a chardiau

Fy mhrofiad i o...

Ar gefn y seren, ysgrifennwch am, a thynnwch
lun eich profiadau chi eich hun gan ddefnyddio un
neu fwy o'r awgrymiadau y bydd eich
athro/athrawes yn eu rhoi i chi. Addurnwch eich
seren gan ddefnyddio siapiau a symbolau
fyddai'n plesio Mwslim.

Id-ul-Adha : Gŵyl aberth

Ffeil ffeithiau: Id-ul-Adha

✦ Hon yw'r wŷl fawr arall fydd yn cael ei dathlu gan Fwslimiaid bob blwyddyn. Mae'n cyd-ddigwydd â diwedd yr Hajj (y bererindod i Makkah)

✦ Mae'n coffau'r adeg pan oedd Ibrahim yn mynd i aberthu ei fab (Isma'il) er mwyn profi ei ufudd-dod i Dduw. Mae Mwslimiaid yn ystyried Ibrahim (Abraham) fel proffwyd neu negesydd oddi wrth Dduw.

✦ Bydd Mwslimiaid yn mynd gyda'i gilydd i'r mosg i weddïo. Yn ddiweddarach yn y dydd byddant yn aberthu dafad ac yn rhoi traean o'r cig i ffrindiau a thraean i'r tlodion.

✦ Gelwir yr wŷl hefyd yn Id-ul-Kabir (yr Id mawr) neu mewn Tyrceg, Qurban Bayram (gwledd yr aberth).

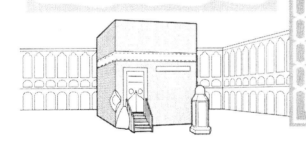

Hanes Ibrahim ac Isma'il

Gofynnodd Allah i'r proffwyd Ibrahim (Abraham) wneud sawl aberth. Un ohonynt oedd gadael ei gartref, a'r cwbl a oedd yn gyfarwydd iddo, i deithio gyda'i deulu i Makkah. Er gwaethaf ei ofnau, roedd yn ufudd i Allah, ac aeth ar ei daith. Wedi iddo gyrraedd, gorchmynnodd Allah ef i adeiladu Tŷ iddo (y Ka'bah). Gweithiodd ef a'i fab Isma'il (Ismael) yn galed iawn i godi'r tŷ. Tra roeddynt yn gweithio ar y Ka'bah, anfonodd Allah yr angel Jibril (Gabriel) gyda neges iddynt. Roedd carreg o'r nefoedd, yr Har-ul-Aswad, i'w hychwanegu at un o'r waliau. Unwaith eto ufuddhaodd Ibrahim. Hon yw'r garreg ddu a welir yn y Ka'bah hyd heddiw. Hon yw'r garreg y bydd pererinion yn ceisio ei chyffwrdd wrth iddynt fynd o gylch yr adeilad mawr hwn saith gwaith.

   Wedi iddynt orffen codi'r Ka'bah, ymddangosodd Allah i Ibrahim mewn breuddwyd, a dywedodd wrtho am gychwyn i Mina, lle'r oedd i aberthu ei fab annwyl, Isma'il. Yn ystod y daith ceisiodd y diafol (Shaytan/Iblis) demtio Ibrahim, ond glynodd ef yn ffyddlon i orchymyn Allah, a gyrrodd y diafol i ffwrdd. Pan oedd Ibrahim ar fin aberthu ei fab, rhwystrodd Allah ef a rhoddodd ddafad iddo ei haberthu yn lle'r plentyn. Dethlir ufudd-dod llwyr Ibrahim bob blwyddyn yn ystod Id-ul-Adha, pan fydd Mwslimiaid yn cofio mor angenrheidiol yw iddynt hwythau hefyd blygu i ewyllys Allah, ac iddynt hwythau fod yn barod i aberthu unrhyw beth os bydd Allah yn dymuno hynny.

Y Qur'an (Surah 37: 102.12)

Pethau i'w nodi..

✦ Mae'r stori hon hefyd i'w chael yn yr Ysgrythurau Iddewig neu'r Hen Destament Cristnogol (Genesis 22), gydag un gwahaniaeth pwysig. Yn y stori Iddewig-Gristnogol, mae Duw yn gofyn i Abraham aberthu ei fab arall, Isaac, mab Sara. (Hagar oedd mam Isma'il). (Gweler hefyd Developing Primary RE: Faith Stories (RE Today Services) tud 24-25)

✦ Mae'r gweithgareddau yn yr uned hon yn cyd-fynd â rhaglenni astudio Meysydd Llafur Cytûn Addysg Grefyddol: e.e. Sut mae Mwslimiaid yn mynegi eu daliadau crefyddol mewn gweithredoedd?

Goresgyn Temtasiwn

Llabyddio'r Diafol

Pererindod sydd yn digwydd bob blwyddyn yw'r Hajj, ac er mwyn bod yn rhan ohoni bydd Mwslimiaid o bob rhan o'r byd yn teithio i Makkah yn Saudi Arabia. Un peth sydd yn digwydd yn ystod yr Hajj yw 'llabyddio'r Diafol'. Bydd y pererinion yn taflu cerrig at biler sy'n cael ei adnabod fel y 'Diafol Mawr'.

Pam y tybiwch eu bod yn gwneud hyn?

Mae dau reswm:

Yn gyntaf, mae'n eu hatgoffa o stori Ibrahim yn cael ei demtio i beidio ag aberthu ei fab Isma'il. Cafodd hwnnw yn ei dro ei demtio i redeg i ffwrdd. Wnaeth yr un ohonyn nhw syrthio i demtasiwn ac fe lwyddon i yrru'r Diafol (Shaytan neu Iblis) ymaith drwy daflu cerrig ato.

Beth dybiwch chi, wnaeth i Ibrahim ac Isma'il daflu cerrig at y Diafol?

Yn ail, wrth 'labyddio'r Diafol, mae Mwslimiaid yn dangos eu bod yn barod i wrthod pob drygioni ac yn dangos eu hymroddiad i wrthsefyll pob temtasiwn ddaw i'w hwynebu, yn union fel y gwnaeth Ibrahim ac Isma'il flynyddoedd maith yn ôl.

Sut y gall llabyddio'r Diafol fel rhan o'r Hajj helpu Mwslim i fyw bywyd gwell?

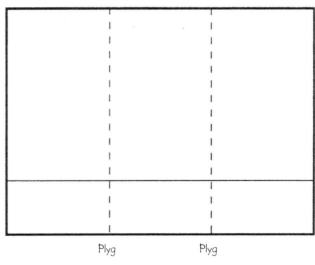

Myfyrdod personol

Trowch ddalen o bapur A4 ar ei draws a'i phlygu'n dri .
Tynnwch linell ar draws y ddalen, 5 cm o'r gwaelod.
Ymhob adran, ysgrifennwch am, neu tynnwch lun adeg pan gawsoch chi eich temtio i wneud drygioni.
Meddyliwch a wnaethoch 'roi i mewn' i'r demtasiwn, neu a wnaethoch lwyddo i'w gwrthsefyll, a pham?
O dan bob 'temtasiwn' ysgrifennwch ddwy neu dair brawddeg yn egluro eich teimladau ynglŷn â hyn.
(Ar eich cyfer chi yn unig y mae'r ddalen hon — does dim rhaid i chi ei rhannu efo neb arall yn y dosbarth, na gyda'ch athro hyd yn oed, os nad ydych eisiau gwneud hynny.)

Llinell

Plyg   Plyg

Aberthu

Id-ul-Adha

✦ Caiff Id-ul-Adha ei hadnabod fel **gŵyl yr aberth** oherwydd tra bydd y **pererinion sydd ar Hajj i Makkah** yn aberthu eu hanifeiliaid yno, bydd **Mwslimiaid** ar hyd a lled y byd yn ymuno â hwy drwy aberthu eu hanifeiliaid eu hunain (defaid neu eifr).

✦ Caiff traean o'r aberth ei fwyta gan y **teulu**. Rhoddir traean i **ffrindiau** a **pherthnasau**, a rhoddir traean i'r **tlodion**. Hwyrach y gwnaiff rhai Mwslimiaid sydd yn byw ym Mhrydain ddewis anfon arian i Pacistan neu India er enghraifft, i dalu am anifail i'w aberthu yno a rhoi'r cig i fwydo'r tlodion yno.

Pam fod Mwslimiaid yn aberthu yn ystod Id?

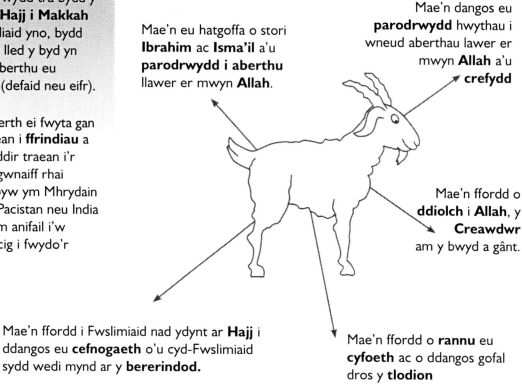

Mae'n eu hatgoffa o stori **Ibrahim** ac **Isma'il** a'u **parodrwydd i aberthu** llawer er mwyn **Allah**.

Mae'n dangos eu **parodrwydd** hwythau i wneud aberthau lawer er mwyn **Allah** a'u **crefydd**

Mae'n ffordd o **ddiolch** i **Allah**, y **Creawdwr** am y bwyd a gânt.

Mae'n ffordd i Fwslimiaid nad ydynt ar **Hajj** i ddangos eu **cefnogaeth** o'u cyd-Fwslimiaid sydd wedi mynd ar y **bererindod.**

Mae'n ffordd o **rannu** eu **cyfoeth** ac o ddangos gofal dros y **tlodion**

Mewn grwpiau bychain

Cyd-drafodwch syniadau am y gair '**aberth**', ac am y gwahanol ystyron sydd iddo.

Meddyliwch am **bum gwahanol math o 'aberth'** y bydd pobl hwyrach yn barod i'w gwneud (e.e. rhoi'r gorau i fwyta siocled er mwyn trio colli pwysau, mynd heb fwyd fel y gallwch fwydo'ch plentyn, a.y.y.b.) Ymunwch â grŵp arall i rannu'ch syniadau.

Drwy drafodaeth grŵp, cytunwch i **osod mewn trefn y gwahanol 'aberthoedd' y buoch yn meddwl amdanynt.** Rhowch yr 'aberthu mwyaf' ar ben y rhestr a gweithiwch eich ffordd i lawr. Byddwch yn barod i rannu'ch syniadau, a'r drefn y maent ynddynt, gyda gweddill y dosbarth. Mae'r rhesymau yn bwysig felly!

Ar eich pen eich hun

Rhoddodd Allah brawf ar **Ibrahim**, sef **aberthu** ei fab ei hun, rhywun **agos** iawn ato a **phwysig** iawn iddo. Ysgrifennwch **gerdd acrostig** yn adlewyrchu'ch dealltwriaeth chi o'r gair '**aberth**'.

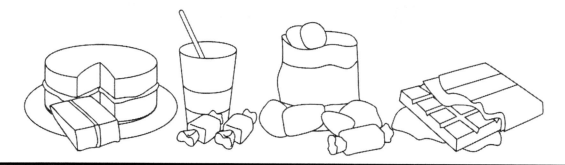

Pesach — gŵyl o ryddid a gobaith.

Ffeil ffeithiau:

Pesach (Y Pasg Iddewig a Gŵyl y Bara Croyw)

Dethlir **Pesach** i gofio am yr Ecsodus, pan ddihangodd cyndadau yr Iddewon o gaethwasiaeth creulon yn yr Aifft, dan arweiniad Moses. Mae'n ŵyl o ryddid ac o obaith, yn atgoffa Iddewon o'r ffordd y gweithredodd Duw i gadw'r addewid (y cyfamod) a wnaeth gyda hwy.

Bydd yn digwydd yn ystod y gwanwyn, ac mae'n un o dair hen ŵyl bererindota Iddewiaeth. Y ddwy arall yw **Shavout** (yn ystod yr haf) yn coffau rhoddi'r Deg Gorchymyn, a **Sukkot** (yn ystod yr hydref) sy'n coffau'r daith drwy'r anialwch ar y ffordd i Wlad yr Addewid.

Mae dathliadau Pesach yn hynod o symbolaidd:

• Yn ystod yr ŵyl gwaherddir defnyddio burum neu lefain (chametz). Mae hyn yn atgoffa'r Iddewon o'r brys a fu ar eu cyndadau i adael yr Aifft a hwythau heb amser i aros i'w toes godi, (ac y mae'n symbol o falchder gan fod lefain yn chwyddo pethau). Gellir prynu **Matzot** (bara croyw) mewn llawer i arch-farchnad.

• Y prif ddigwyddiad yw'r pryd **Seder,** — pryd defodol pan adroddir stori'r ŵyl gyntaf o'r Haggadah. Mae caneuon a gweddïau hefyd yn y llyfr hwn.

• Mae'r plât Seder gyda'i fwydydd symbolaidd yn ffordd weledol o ailadrodd y digwyddiadau hyn. Mae tudalen 28 yn amlinellu gweithgaredd myfyriol i blant gan ddefnyddio symbolaeth y plât hwn.

'Gwlad yr Addewid' oedd cyrchfan yr Israeliaid wedi iddynt dderbyn eu rhyddid. Mae'r wlad hon, Israel yn y byd modern, yn ymgorfforiad i'r Iddewon o'r cyfamod neu'r addewid a wnaed rhyngddynt hwy a Duw. Bydd y pryd, Pesach Seder, yn diweddu gyda'r cyhoeddiad: 'Y flwyddyn nesaf yn Jerwsalem. Y flwyddyn nesaf boed rhyddid i bawb!' Mae'r tensiynau parhaus yn y Dwyrain Canol yn adlewyrchu gwahanol agweddau ar 'berchnogaeth' y wlad hon hyd heddiw. Gall disgyblion fod yn gyfarwydd â hyn o wrando ar y newyddion, a bydd yn rhaid i athrawon ymarfer sensitifrwydd wrth ymateb i gwestiynau disgyblion ar y pwnc.

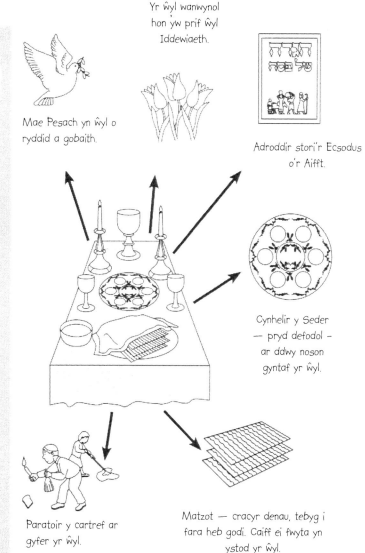

Yr ŵyl wanwynol hon yw prif ŵyl Iddewiaeth.

Mae Pesach yn ŵyl o ryddid a gobaith.

Adroddir stori'r Ecsodus o'r Aifft.

Cynhelir y Seder — pryd defodol — ar ddwy noson gyntaf yr ŵyl.

Paratoir y cartref ar gyfer yr ŵyl.

Matzot — cracyr denau, tebyg i fara heb godi. Caiff ei fwyta yn ystod yr ŵyl.

Gweler hefyd..

Llyfrau RE Today Services ar gyfer athrawon .
Teaching RE 5 – 11 Judaism
Judaism: A Pictorial Guide.

Rhai safleoedd gwê defnyddiol:
www.jewfaq.org/holidaya.htm sy'n cynnwys cerddoriaeth ar gyfer rhai o'r caneuon a genir yn ystod Seder
www.torahtots.com/holidays/pesach/pesach.htm yn fanwl ac yn rhyngweithiol ar gyfer plant.
www.holidays.net/passover ffeiliau gwybodaeth a cherddoriaeth.

Archwilio Pesach — gweithgareddau creadigol a mynegiannol i ddisgyblion ieuengaf ysgol gynradd.

Mae'r gweithgareddau canlynol yn archwilio'r teimladau sy'n gysylltiedig â'r Pesach.
Y thema allweddol: Y llawenydd o fod yn rhydd.
Strategaeth dysgu: gweithgareddau creadigol a mynegiannol gan ddefnyddio lliwiau, celf, meim, cerddoriaeth a dawns.

Gweithgaredd i ddisgyblion 1: Y Teimladau o Gaethiwed a rhyddid.

Ail-adrodd hanes yr Israeliaid yn cael eu rhyddhau o gaethwasiaeth ac yn cychwyn ar eu taith i Wlad yr Addewid

Sgwrsio fesul pâr: Yn eich barn chi, sut deimlad oedd bod yn gaethwas? Sut y tybiwch y teimlent pan gawsant eu rhyddhau?

Gweithgaredd dosbarth: Rhannu syniadau a rhestru ansoddeiriau ar 'fwrdd teimladau', o dan ddau bennawd: 'caethweision' a 'rhydd'.

Defnyddio lliwiau i fynegi teimladau: Gofyn i'r plant: Pe bai 'hapus' yn lliw, pa liw fyddai? Pe bai 'ofnus' yn lliw, pa liw fyddai? Cytuno ar liwiau i gyd-fynd â phob un o'r teimladau ar y 'bwrdd teimladau'. (Os yn defnyddio bwrdd gwyn electronig, defnyddiwch y palet lliwiau i newid lliw pob teimlad fel y cytunir arno.)

Egluro fod y Pesach yn adeg hapus iawn i Iddewon heddiw wrth iddynt goffáu rhyddhau eu cyn-dadau. Cytuno ar dri lliw i gynrychioli Pesach. Gan ddefnyddio'r tri lliw gofyn i'r plant gynllunio poster i ddangos yr hyn y mae Iddewon yn ei deimlo am y Pesach.

Gweithgaredd i ddisgyblion 2: Defnyddio Cerddoriaeth i fynegi Rhyddid.

Gwrando ar bedwar neu bum darn offerynnol gwahanol (tywyll, araf, trist/ysgafn, cyflym, bywiog). Gofyn i'r plant feddwl am y ffordd y mae pob un ohonynt yn gwneud iddynt deimlo. Trafod hyn.

Drwy ddefnyddio'r 'bwrdd teimladau' o weithgaredd 1, gofyn i'r disgyblion benderfynu ar ba ochr ('caeth neu rhydd') y byddent yn gosod pob un o'r darnau cerddorol hyn.

Pleidleisiwch i benderfynu pa ddarn o gerddoriaeth sydd orau i gynrychioli'r teimladau hapus sy'n gysylltiedig â chael eich rhyddhau o gaethwasiaeth. Chwarae'r darn hwn eto, a chael y plant i ymuno drwy ddefnyddio offer taro neu guro eu dwylo i rhythm y darn.

Gweithgaredd i ddisgyblion 3: Cyfleu rhyddid

Bydd angen digon o le i'r gweithgaredd hwn, er mwyn i'r plant allu symud o gwmpas. Defnyddiwch y neuadd os yn bosibl:

✦ Siarad am y ffordd y gall ystum y corff ddweud wrth eraill sut yr ydym yn teimlo heb i ni orfod dweud gair. Meimio 'dweud y drefn' wrth rywun, a gofyn i'r dosbarth ddyfalu sut yr ydych yn teimlo.

✦ Rhannu'r dosbarth yn ddau. Rhoi cardiau yn dweud 'trist iawn' i un hanner. Gofyn iddynt feimio'r teimlad hwn. Cael y rhan arall i wylio'n ofalus a meddwl am yr hyn y mae'r grŵp cyntaf yn ei deimlo. Sut y maent yn gwybod hyn? (e.e. edrych ar eu hwynebau, eu pennau wedi plygu, symud yn araf). Ail wneud y gweithgaredd, y tro hwn gyda'r ail grŵp yn meimio 'llawenydd'.

✦ Atgoffa'r plant o stori Pesach — y dianc o gaethwasiaeth. Mewn grwpiau o dri neu bedwar, gofyn i'r plant lunio dawns neu symudiad i ddangos sut yr oedd yr Israeliaid yn teimlo ar y Pesach cyntaf hwnnw. Rhoi stribedi o ddefnydd neu rhubanau lliw (yn y lliwiau a ddewiswyd yng ngweithgaredd 1) a'u cael i'w clymu am eu garddyrnau er mwyn pwysleisio'r teimladau. Cyfuno'r symudiadau â'r gerddoriaeth lawen a ddewiswyd yng ngweithgaredd 2. Gallai'r plant berfformio i'w gilydd a thrafod y ffordd yr oedd yr Israeliaid yn teimlo a pham.

Paratoi ar gyfer Pesach

Ceisiwch ddod o hyd i'r chametz. Allwch chi helpu Michael i ddod o hyd i'r chametz? Mae chwe darn i'w canfod yn y llun.

Iddew yw Michael. I baratoi ar gyfer Pesach, mae Michael a'i deulu yn glanhau eu cartref a gwneud yn siwr fod pob tamaid o chametz wedi mynd. (Chametz ydi rhywbeth sydd wedi ei wneud o rawn gyda burum ynddo i wneud iddo godi.) Mae gwneud hyn yn eu hatgoffa o'r amser yr helpodd Duw eu cyn-dadau i ddianc o gaethwasiaeth yn yr Aifft.

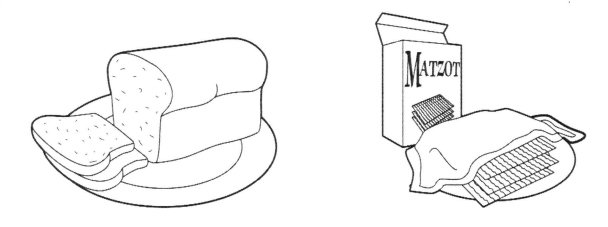

Lliwiwch lun y bara y caiff Michael ei fwyta yn ystod Pesach.
Paratoi eich tŷ ar gyfer achlysur arbennig — beth allech chi ei wneud i helpu?

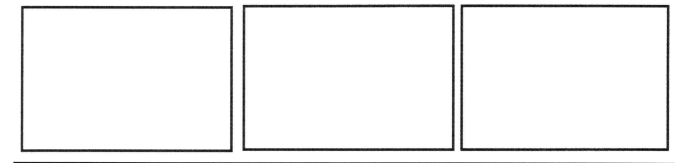

Archwilio Pesach: gweithgaredd ar gyfer disgyblion ieuengaf ysgol gynradd.

Chwilio am chametz

Bydd llawer o ddathliadau crefyddol yn cychwyn gyda pharatoi'r cartref. Mae paratoi ar gyfer y Pesach yn golygu glanhau'r tŷ'n llwyr i gael gwared ar bob bwyd a waherddir (chametz)

✦ **Gwrandewch ar yr hanes ac actiwch y sefyllfa.**
Ar y noson cyn Pesach bydd chwilio symbolaidd am friwsion neu fwydydd yn cynnwys burum. Yn draddodiadol, cuddir deg darn, a bydd y teulu yn chwilio amdanynt gyda channwyll (goleuni) a phluen (i'w hysgubo). Defnyddiio'r ddalen ysgogi ar dudalen 25 gyda'r plant fel man cychwyn i archwilio arferion a symbolaeth Pesach.

Blasu bwydydd Pesach

Edrychwch ar fideo neu darllenwch am y ffordd y dethlir y pryd Seder heddiw. Blaswch ac ymchwiliwch i ystyr rhai o'r bwydydd arbennig e.e. matzot (ar gael mewn arch-farchnadoedd) charoset (gweler y rysêt), dŵr hallt...

✦ **Matzot:** brys i adael yr Aifft, — dim amser i'r bara godi.
✦ **Charoset:** mae'n atgoffa Iddewon o'r sment a ddefnyddid gan y caethweision i godi dinasoedd Pharo, ond mae'r melyster hefyd yn eu hatgoffa o ryddid.
✦ **Dŵr hallt:** symbol o ddagrau'r caethweision yn yr Aifft.
Sylwer: Nid ail greu na dynwared pryd Seder yw hyn.

Rysêt Charoset:

llwy fwrdd o gnau wedi eu malu (cnau Ffrengig, cnau cyll, cnau almwn)
2 afal coginio bychan (wedi eu plicio a'u malu).
2 lond llwy de o sinamon
Ychydig sudd ffrwythau coch cryf i wneud iddo lynu wrth ei gilydd
Cymysgwch y cynhwysion ynghyd a'u cyfuno gyda'r sudd ffrwyth.
Rhannwch yn dameidiau bach, digon ar gyfer pawb, neu taenwch ef ar matzot a'i rannu o gwmpas y dosbarth (gan ofalu rhybuddio'r plant ei fod yn cynnwys cnau).

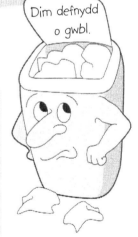

Dim defnydd o gwbl.

Gweithgareddau medrau meddwl i ddisgyblion hŷn yr ysgol gynradd: Pam fod Michael a'i deulu yn dathlu'r Pesach?

Dirgelwch

✦ Mewn grwpiau o dri neu bedwar, gosod y cwestiwn uchod i'r disgyblion. Eu cael i gyd-weithio i 'ddatrys' y dirgelwch gan ddefnyddio'r cliwiau a geir yn y cardiau gwybodaeth ar dudalen 27. (Mae rhai ohonynt o fwriad yn gamarweiniol). Yna cael y disgyblion i ddosbarthu, casglu a gwerthuso'r wybodaeth i ddod i benderfyniad y gellir ei gyflwyno i'r dosbarth.
Cael pob grŵp i gyflwyno eu hatebion, gan roi rhesymau a chyfiawnhâd.
Bydd hyn yn ddefnyddiol: i gael y plant i siarad am yr hyn a ddysgwyd; i ddatblygu eu medrau meddwl; yn weithgaredd asesu crynodol.

Gweithgaredd dosbarthu a threfnu

Mae hyn yn darparu amrwyiaeth mwy strwythuredig o'r uchod

✦ Eu cael i weithio mewn grwpiau, a gofyn i'r disgyblion ddewis y naw gosodiad sy'n rhoi'r wybodaeth lawnaf i'w helpu i ateb y cwestiwn.

✦ Darparu bwrdd targedu a siap bin lludw ar gyfer pob grŵp. Bydd pob aelod yn ei dro yn dewis cerdyn, yn ei ddarllen allan ac yn awgrymu ble y dylid ei osod. Gall aelodau eraill o'r grŵp gyflwyno barn, a dim ond pan geir cytundeb y gellir gosod y cerdyn ar y bwrdd targedu neu yn y bin.

✦ Cael pob grŵp i gyflwyno eu hatebion, gan roi rhesymau a chyfiawnhâd.

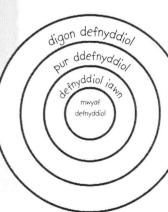

digon defnyddiol
pur ddefnyddiol
defnyddiol iawn
mwyaf defnyddiol

Pam fod Michael a'i deulu yn dathlu Pesach?

Maent yn Iddewon	Mae taid a nain Michael yn dod i aros	Mae'n coffáu Duw yn rhyddhau'r Israeliaid o gaethiwed yn yr Aifft
Byddant yn glanhau'r tŷ yn lân ac yn cael gwared ar y chametz (burum) i gyd.	Mae Chametz yn cynrychioli balchder. Drwy beidio â'i fwyta, maent yn dangos eu bod yn dibynnu ar Dduw.	Dyma pryd y byddant yn defnyddio'r llestri a'r cyllyll a ffyrc arbennig ar gyfer Pesach
Bydd Michael yn mwynhau'r dathliadau i gyd.	Fel y person ievengaf sy'n bwyta pryd y Seder, ef sy'n cael gofyn y 4 cwestiwn pwysig sy'n rhan o gyflwyno'r stori.	Mae'r plât Seder yn symbolaidd iawn.
Bydd y plât Seder yn bwysig wrth ail-adrodd y stori am yr hyn a ddigwyddodd	Mae'r plât Seder yn dwyn i gof deimladau'r bobl.	Bydd Michael yn hoffi chwarae pel-droed a chwarae gemau ar gyfrifiadur y teulu.
Bydd Michael yn mynd i'r synagog gyda'i dad a'i daid.	Bydd dathlu Pesach yn gwneud i Michael deimlo'n arbennig.	Bydd tad a mam Michael yn cymryd gwyliau o'u gwaith.
Mae'n rhywbeth y mae ei deulu wedi ei wneud ar hyd y blynyddoedd.	Mae dathlu'r Pesach yn ei wneud i deimlo'n fwy Iddewig.	Dywedodd Duw wrth y bobl am ddathlu'r ŵyl
Mae'n adeg teuluol hapus iawn.	Mae bwyta'r pryd Seder yng nghwmni teulu a ffrindiau yn bwysig iawn	Mae cwpan Elias ar y bwrdd yn eu hatgoffa fod Duw yn dal i weithio yn y byd — ac y bydd y Meseia yn dod rhyw ddydd
Hon yw gŵyl y Bara Croyw	Mae'n eu hatgoffa o Dduw a gwlad yr Addewid — y flwyddyn nesaf yn Jerwsalem, y flwyddyn nesaf boed pawb yn rhydd!	Mae trefn y dathlu wedi ei gofnodi yn yr Haggadah

Llungopïwch y rhain ar gerdyn tenau, (lamineiddiwch ar gyfer defnydd aml).
Torrwch hwy'n baciau o gardiau a'u gosod mewn amlenni, — un ar gyfer pob grŵp.
Ar gyfer rhai grwpiau lleihewch nifer y gosodiadau fel y bo'n addas.

Dysgu oddi wrth y Pesach—
defnyddio'r plât Seder fel symbyliad i fyfyrio.

Ffeil ffeithiau

Mae'r ŵyl Iddewig, **Pesach** (Gŵyl y Bara Croyw, Y Pasg Iddewig,) yn goffâd a dathliad blynyddol o'r digwyddiad allweddol mewn hanes Iddewig, pan arweiniodd Moses bobl Israel o gaethiwed yn yr Aifft i gychwyn taith hir i ryddid yng Ngwlad yr Addewid.

Fel gyda llawer o wyliau Iddewig, mae'r cartref yn chwarae rhan bwysig yn y dathliadau, ac mae'r **pryd Seder** yn ganolbwynt i'r ddefod.

Yn ystod y pryd, byddant yn bwyta **bwydydd symbolaidd** i'w hatgoffa o agweddau amrywiol ar eu hanes a'u perthynas â Duw. Defnyddir y **plât Seder** fel canolbwynt y cofio.

I'r athro/athrawes

Mae'r gweithgaredd 'dysgu oddi wrth' hwn yn annog disgyblion i ddehongli ystyr symbolaidd y bwydydd ar y plât Seder, a'u cymhwyso at eu profiadau eu hunain.

Gellir addasu'r gweithgaredd at wahanol oedrannau neu alluoedd wrth ddethol y nifer a'r math o eitemau oddi ar y plât Seder iddynt fyfyrio drostynt. Er enghraifft, gall plant Blwyddyn 2 fyfyrio ar, a thrafod 'yr hyn sy'n fy ngwneud i'n hapus' a 'yr hyn sy'n fy ngwneud i grïo', tra gellir annog Blwyddyn 4 i drafod 'yr hyn sy'n fy nal yn gaeth'.

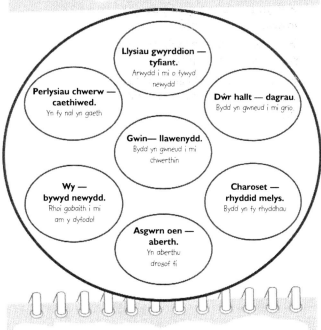

Gweler hefyd:

Developing Primary RE: Home and Family (RE Today Services 2003) sy'n ymchwilio i arteffactau Iddewig eraill a'u pwysigrwydd.
Fideo: Cyfres 'Testament' (S4C) 'Moses'
Mae'r gweithgareddau yn yr uned hon yn cyd-fynd â rhaglenni astudio Meysydd Llafur Cytûn Addysg Grefyddol .

Gweithgaredd i ddisgyblion

☞ Wedi gwylio neu wrando ar stori'r Pesach, trafod gyda'r disgyblion fel mae pob eitem ar y plât Seder yn cynrychioli neu'n symboleiddio rhan bwysig o'r digwyddiad i'r Iddewon heddiw.

☞ Fesul pâr, rhoi un eitem o'r plât i'r disgyblion edrych arno a siarad amdano. Gofyn iddynt: *Beth ydi o? Pa ran o'r stori mae'n ei gynrychioli? Beth y mae'n ei ddweud wrthych am yr hyn yr oedd y bobl Iddewig yn ei deimlo ar y pryd?*
Mae'r diagram yn nodi'r teimladau a'r profiadau a gysylltir â phob eitem. Defnyddio hyn i helpu disgyblion i fyfyrio ar eu profiadau eu hunain o grïo a chwerthin a.y.y.b.

☞ Rhowch blât papur i bob disgybl (un ar gyfer pob agwedd y maent yn mynd i'w hystyried).

☞ Ar un ochr i'r plât, cael y plant i dynnu llun rhywbeth sy'n eu gwneud yn hapus, yn obeithiol, yn drist a.y.y.b. Ar yr ochr arall, eu cael i orffen brawddeg: e.e. '_____ sy'n fy ngwneud yn hapus/obeithiol/drist, oherwydd_____' neu beth bynnag sy'n addas.

Gall disgyblion siarad am eu lluniau ac ysgrifennu brawddegau gyda phartner. Gellid arddangos y platiau gorffenedig fel symudion.

Baisakhi — Amgyffred Siciaeth drwy ŵyl.

I'r athro/athrawes

Mae'r gweithgareddau a awgrymir yma wedi eu seilio ar ymdriniaeth weledol, gyda chymorth cwestiynau treiddgar. Eu bwriad yw galluogi disgyblion i ddeall arwyddocâd y dathliad Sicaidd, Baisakhi, ac i annog myfyrdod ar eu dathliadau eu hunain yn y cyd-destun hwn.

✦ Ffuglen yn y person cyntaf yn adrodd stori gŵyl Baisakhi yw Stori Davinder ar dudalen 30.

✦ Gellir copïo y lluniau ar dudalennau 30/31. Maent yn cynnig fframwaith ac ysgogiad i helpu datblygu dealltwriaeth o'r stori. Mae'n gweithio'n dda ar fwrdd gwyn rhyngweithiol. Strategaeth hyblyg yw'r dull hwn y gellir ei ddefnyddio ar gyfer deunydd cyffelyb. Gall man cychwyn gweledol fel hyn arwain at ymateb da, ac osgoi felly fodloni ar ofyn i ddisgyblion 'dynnu llun'!

Ffeil ffeithiau

✦ Gwyliau Sicaidd, neu ddiwrnodau arbennig yw 'gurpurbau'. Ystyr y gair yw 'dydd y Guru' (e.e. dathlu penblwydd un o'r 10 Guru).

✦ Mae Baisakhi (a sillefir weithiau fel Vaisakhi) yn ddathliad byd-eang pan gofia pob Sîc am sefydlu'r Khalsa, 'cymuned y pur' ym 1699.

✦ Y gymuned, ymroddiad, a hunan aberth yw'r gwerthoedd sy'n ganolog i'r ŵyl.

✦ Mae 'cymryd Amrit', yn ddefod sy'n arwydd fod person yn barod i 'wneud ymroddiad'. Gall Sîc wneud hyn ar unrhyw adeg o'i fywyd. Mae 'cymryd Amrit' hefyd yn dwyn i gof hanes sefydlu'r Khalsa; yn ddefod derbyn aelod newydd; yn arwydd gweledol o ffydd mewnol yr unigolyn. Arwyddion allanol eraill o hyn yw gwisgo'r Pum K.

✦ Nid yw pob Sîc yn 'Sîc Amritdhari',yn gwisgo'r Pum K ac yn 'cymryd Amrit'. Mae gwneud hyn yn nodi ymroddiad o ddifrif.

Dysgu oddi wrth Baisakhi: Cwestiynau treiddgar i ddyfnhau gwybodaeth.

Wedi ymchwilio i'r stori ar dudalen 30, gofynnwch i'r disgyblion:

✦ Pryd a pham y bydd pobl yn rhoi'r gorau i, neu'n ymwadu â rhywbeth?

✦ Ydi ymwadu â rhywbeth yn arwydd o ymroddiad? Ydi o bob amser yn beth da?

✦ 'I farw dros.....' All plant feddwl am storïau eraill lle mae pobl yn barod i farw dros yr hyn a gredant ynddo?

✦ Oedd y guru yn deg â'i ddilynwyr, neu a yw hyn yn gofyn gormod gan berson?

✦ Beth y mae disgyblion yn ei wneud i ddangos eu hymroddiad i beldroed, i anifeiliaid anwes, i'r teulu, i Dduw? A fydd ymroddiad bob amser yn arwain at weithredu?

✦ A yw ymroddiad i Dduw yn wahanol i fathau eraill o ymroddiad?

Asesiad

Defnyddio'r gweithgareddau a'r tasgau fel ffordd o gasglu tystiolaeth o gyrhaeddiad.

Mae'r fframiau ar dudalennau 31 a 32 yn hybu ystyriaeth o'r stori, gŵyl, a defod Sicaidd ac maent felly yn sail asesiad da mewn AG. Hwyrach yr hoffai athrawon ystyried y gosodiadau 'Gallaf..' hyn gyda'r disgyblion:

	Drwy ddysgu <u>am</u> yr ŵyl Sicaidd: Gallaf..	Drwy ddysgu <u>oddi wrth</u> ymroddiad Sicaidd: Gallaf...
Lefel 2	ailadrodd stori Baisakhi	ofyn cwestiwn sensitif am stori Baisakhi
Lefel 3	gysylltu'r stori â'r ffordd y bydd Siciaid yn dathlu heddiw.	dynnu sylw at y pethau arwyddocaol yn y stori.
Lefel 4	ddangos fy mod yn deall yr hyn sydd gan Baisakhi, Amrit a'r 5K i'w wneud ag ymroddiad.	gysylltu'r hyn y byddaf i'n ei ddathlu a'r hyn y mae Siciaid yn ei ddathlu. Siarad am wahanol safbwyntiau ynglŷn ag 'ymwrthod â phethau'.
Lefel 5	egluro sut a pham fod Siciaid yn dathlu Baisakhi, yn cymryd Amrit ac yn gwisgo'r 5K. wneud cysylltiad rhwng yr ŵyl, y stori a'r ddefod.	ddefnyddio fy nealltwriaeth o ymroddiad y Siciaid i fyfyrio ar fy ymroddiadau i fy hun. Egluro beth yw fy ymateb fy hun i ymroddiad Guru Gobind Singh a'r Siciaid, ac egluro fy ymroddiadau fy hun yng ngoleuni hyn.

Stori Davinder

Gadewch i mi gyflwyno fy hun. Geneth 14 oed ydw i, a fy enw ydi Davinder Kaur. Wel, dyna ydi o rwan! Gadewch i mi egluro i chi sut y cafodd o ei newid!

Roedd gŵyl arbennig iawn i ni'r Siciaid fis diwethaf. Gyrrodd ein guru, ei enw ydi Guru Gobind Rai, neges i ni i gyd i wneud ymdrech arbennig i fynd i Anandpur ar gyfer yr ŵyl. Roedd yn rhaid i'n teulu ni gerdded am ddau ddiwrnod i gyrraedd yno. Ond roeddwn yn falch ein bod wedi mynd. Dyna i chi olygfa! Roedd torfeydd anferth, a phobl yn sefyll yr holl ffordd i fyny'r allt, gyda phabell ar y copa. Mae'n guru ni yn siaradwr ardderchog. Rhoddodd araith y diwrnod hwnnw a newidiodd ein bywydau i gyd. Roeddem ni'n sefyll reit bell yn ôl, ond roeddwn yn gweld popeth.

Roedd yn ein hatgoffa am ein hymroddiad i lwybr y Sîc, a diweddodd drwy ofyn pwy fyddai'n fodlon ymwadu â rhywbeth er mwyn y ffydd. Cynigiodd pobl arian, amser, a phob math o anrhegion — anifeiliaid, cynigiodd un hyd yn oed ei dŷ. (Mae'n ddyletswydd ar Siciaid i fod yn hael.) Yna cododd y guru ei ben a siarad eto: 'Ond pwy ohonoch sy'n fodlon rhoi ei fywyd, i ddangos ei ymroddiad?' Chwifiodd ei gleddyf. Roedd ei lygaid yn disgleirio. Aeth y dyrfa'n dawel, yn llawn braw, am sbel go hir. Roedd awel yn siffrwd ochrau'r babell. Yna, yn dawel, cerddodd gŵr ymlaen. 'Rydw i'n barod i farw dros fy ffydd,' meddai'n ddistaw. Arweiniodd y guru ef i mewn i'r babell. Arhosodd y dorf yn dawel. Daeth sŵn ffiaidd o'r tu mewn, a rhywbeth yn syrthio'n drwm. Yna, daeth y guru allan eto gyda gwaed ar ei gleddyf ac ar ei ddillad. Galwodd am berson arall oedd yn fodlon marw dros ei ffydd. Tynnais yn siaced fy nhad a sibrwd, 'Wnaeth o mo'i ladd o, naddo dad?' Amneidiodd dad arnaf i fod yn ddistaw. Allwn i ddim credu'r hyn roeddwn yn ei weld. Roedd o'n deimlad ofnadwy. Ond fe wnaeth person arall gamu ymlaen. I mewn i'r babell yr aeth. Clywsom ergyd galed y cleddyf unwaith eto. Gwnaeth y guru hyn bum gwaith i gyd, gyda'r dorf yn mynd yn fwy a mwy anesmwyth.

Yna agorodd fflap y babell, a chamodd y guru allan. Y tu ôl iddo daeth y pum dyn. Yn sydyn torrodd y tawelwch. Roedd pobl yn ebychu, rhai yn crio, a rhai yn mynd yn wirion. O'r diwedd, llwyddodd y guru i'n cael ni i wrando arno unwaith eto. Canmolodd y pum dyn. Roeddym i gyd yn ceisio dyfalu beth oedd wedi digwydd yn y babell. Oedd o wedi bod yn torri pennau anifeiliaid, geifr neu rywbeth? Neu a oedd y pum dyn wedi cael eu lladd ac wedi dod yn ôl yn fyw drwy ryw wyrth? Chawsom ni ddim ateb, ond fe gafodd pob un ohonon ni sialens. Dywedodd Guru Gobind Rai wrthym ei fod am gael mwy o ymroddiad gennym i gyd. Galwodd y pum dyn yn 'Panj Piares' (sy'n golygu y pump annwyl), a gofynnodd i ni i gyd ymuno ag ef i fod yn aelodau o'r Khalsa. Llanwodd bowlen haearn â dŵr, a rhoddodd ei wraig, Mata Sundri, grisialau o siwgr yn y dŵr. Ysgeintiodd yntau ddafnau o'r Amrit hwn ar lygaid a phennau'r pum dyn dewr, oedd wedi dangos eu hymroddiad. Fe wnaethom ebychu eto wrth weld y guru yn plygu o flaen y dynion hyn. Efallai na ddylen ni ddim bod wedi'n synnu: mae'n guru ni yn ddyn gwylaidd. Yna rhoddodd bum symbol iddynt eu gwisgo, a rhoddodd enw newydd iddynt hefyd.. Dywedodd y dylai dynion Sicaidd ychwanegu Singh (llew) at eu henwau, ac y dylai'r merched ychwanegu Kaur (tywysoges) at eu henwau hwythau.

Fedra i ddim egluro'n iawn sut yr oeddem yn teimlo ar y ffordd adref. Roedd dad yn dawel iawn. Roedd fy chwaer yn ddagreuol. Ond rydan ni i gyd wedi penderfynu y byddwn yn llawer mwy ymroddedig nag ydym wedi bod. Roedd yn ddiwrnod ardderchog, yn llawn teimlad. A bellach enw fy guru ydi Guru Gobind Singh, a fy enw i ydi Davinder Kaur.

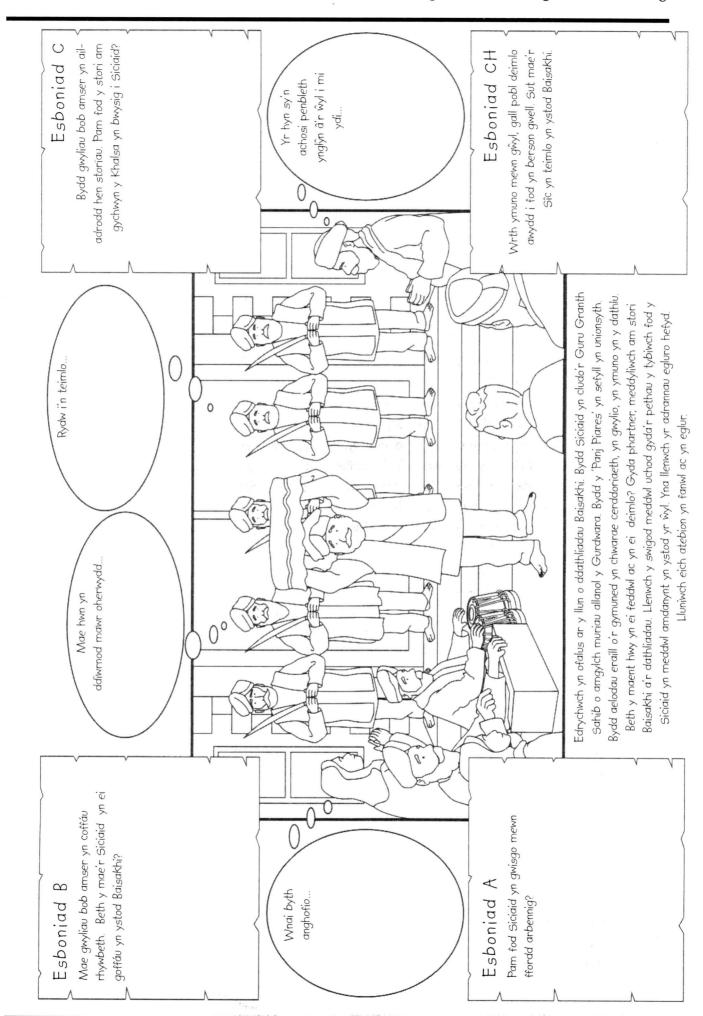

Esboniad C

Bydd gwyliau bob amser yn ail-adrodd hen storiau. Pam fod y stori am gychwyn y Khalsa yn bwysig i Siciaid?

Yr hyn sy'n achosi penbleth ynglŷn â'r ŵyl i mi ydi...

Esboniad CH

Wrth ymuno mewn gŵyl, gall pobl deimlo awydd i fod yn berson gwell. Sut mae'r Sîc yn teimlo yn ystod Baisakhi.

Rydw i'n teimlo...

Mae hwn yn ddiwrnod mawr oherwydd...

Wnai byth anghofio...

Esboniad B

Mae gwyliau bob amser yn coffáu rhywbeth. Beth y mae'r Siciaid yn ei goffáu yn ystod Baisakhi?

Esboniad A

Pam fod Siciaid yn gwisgo mewn fforrdd arbennig?

Edrychwch yn ofalus ar y llun o ddathliadau Baisakhi. Bydd Siciaid yn cludo'r Guru Granth Sahib o amgylch muriau allanol y Gurdwara. Bydd y 'Panj Piares' yn sefyll yn unionsyth. Bydd aelodau eraill o'r gymuned yn chwarae cerddoriaeth, yn gwylio, yn ymuno yn y dathlu. Beth y maent hwy yn ei feddwl ac yn ei deimlo? Gyda phartner, meddyliwch am stori Baisakhi a'r dathliadau. Llenwch y swigod meddwl uchod gyda'r pethau y tybiwch fod y Siciaid yn meddwl amdanynt yn ystod yr ŵyl. Yna llenwch yr adrannau egluro hefyd. Lluniwch eich atebion yn fanwl ac yn eglur.

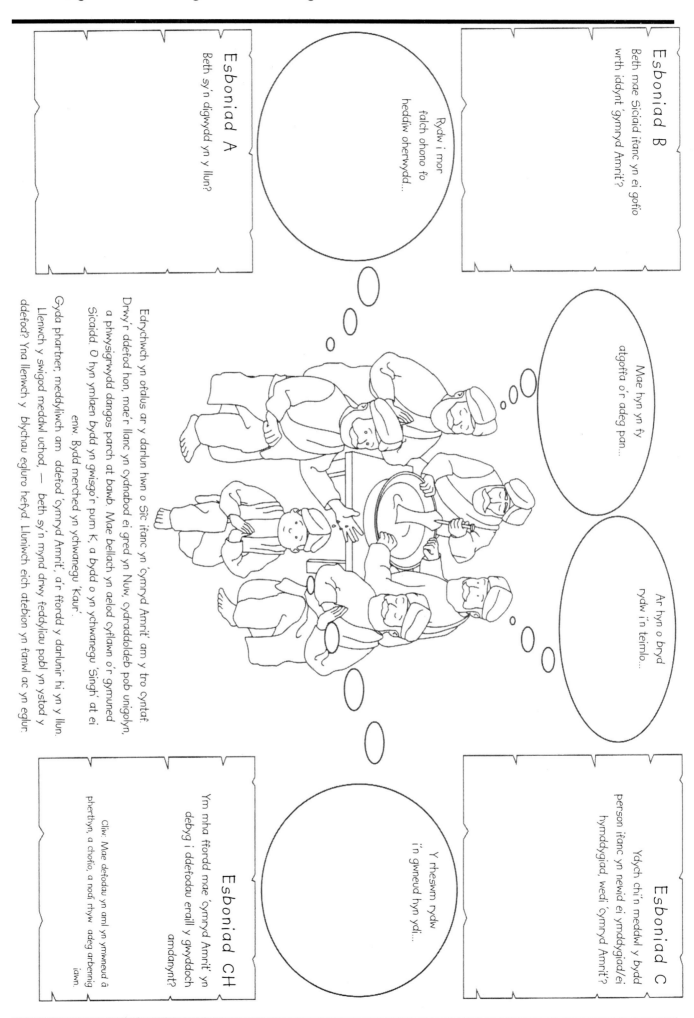

Esboniad B

Beth mae Sïciaid ifanc yn ei gofio wrth iddynt 'gymryd Amrit'?

Rydw i mor falch ohono fo heddiw oherwydd....

Mae hyn yn fy atgoffa o'r adeg pan....

Ar hyn o bryd rydw i'n teimlo....

Esboniad A

Beth sy'n digwydd yn y llun?

Edrychwch yn ofalus ar y darlun hwn o Sïc ifanc yn 'cymryd Amrit' am y tro cyntaf. Drwy'r ddefod hon, mae'r llanc yn cydnabod ei gred yn Nuw, cydraddoldeb pob unigolyn, a phwysigrwydd dangos parch at bawb. Mae bellach yn aelod cyflawn o'r gymuned Sïcaidd. O hyn ymlaen bydd yn gwisgo'r pum K a bydd o yn ychwanegu 'Singh' at ei enw. Bydd merched yn ychwanegu 'Kaur'.

Gyda phartner, meddyliwch am ddefod 'cymryd Amrit', a'r ffordd y darlunir hi yn y llun. Llenwch y swigod meddwl uchod. — beth sy'n mynd drwy feddyliau pobl yn ystod y ddefod? Yna llenwch y blychau egluro hefyd Lluniwch eich atebion yn fanwl ac yn eglur.

Esboniad C

Ydych chi'n meddwl y bydd person ifanc yn newid ei ymddygiad/ei hymddygiad, wedi 'cymryd Amrit'?

Y rheswm rydw i'n gwneud hyn ydi....

Esboniad CH

Ym mha ffordd mae 'cymryd Amrit' yn debyg i ddefodau eraill y gwyddoch amdanynt?

Cliw: Mae defodau yn aml yn ymwneud â pherthyn, a chofio, a nodi rhyw adeg arbennig iawn.